101歳、現役の化粧品販売員 トモコさんの 一生楽しく働く教え

堀野智子

ダイヤモンド社

はじめに

気がつけば１０１歳
最高齢の女性ビューティーアドバイザーに

身内や近くに住む方たちとのお付き合いが、ほとんどすべてだった私の生活に、それまでお会いしたことのない方たちが登場してきたのは、99歳になってからのことでした。

私自身はただ毎日を普通に過ごしているうちに、いつの間にかこの年齢になっちゃったという感じなのですが、世間の人はそう思わないのですね。

テレビを見ていると、「人生１００年時代」なんてことをよく耳にするようになってきましたが、それでも健康で１００歳を迎えるというのは、特別なことらしいというのをそのときにはじめて実感しました。
私が100歳を迎えようという年齢でありながら、現役の化粧品販売員（セールスレディ）として日々仕事をしているということが、世の中の人たちが感じる〝特別感〟に拍車をかけているらしいこともわかってきたのです。

そんなふうにして100歳を迎えるころから、私のもとに新聞や雑誌、テレビなどの取材依頼が舞い込むようになりました。

私は人とお話しすることが大好きですし、誰かのお役に立てるのならばと、可能な限りお受けするようにしました。

そして、いざ100歳を迎えたら、取材依頼の数は前年の比ではありませんでした。

私は1923（大正12）年4月9日生まれですが、2023年に100歳を迎え、その年の8月に**「最高齢の女性ビューティーアドバイザー」としてギネス世界記録に認定されたの**です。

これによって、さらに新聞や雑誌、テレビなどの取材が増え、よりたくさんの人に顔と名前を覚えていただけるようになりました。

取材のときに「お忙しいでしょう？　お疲れになりませんか？」など、取材してくださる方からいたわられることも多いのですが、ご心配にはおよびません。

先ほども触れたように、私は生来の話し好きですから、日々の営業活動でも取材を受けるときでも、話せば話すほど元気になって勢いがつくので、驚かれることもしばしばです。

今回、私が101歳になった今でも現役のセールスレディとして、働き続けていられる秘訣を本にするというお話をいただきました。

実際のところ、最初は少し戸惑いがありました。

縁あって、**ポーラ化粧品本舗（現・ポーラ）の化粧品販売員として働きはじめて61年になります**が、これまで私は毎日を大事にしながら、歩んできただけ。秘訣もコツも自覚したことはありません。

そもそも「100歳まで働き続けよう」などと目標を掲げたこともありません。

楽しく続けていたら、いつの間にかこの年齢になっちゃった……私としてはそんな感覚なのです。

「仕事がつらい」とか「苦しくてたまらない」と感じることがなかったのは、もともと楽天的だったということが大きいかもしれません。

思えばこれまでの人生、早くに母親を亡くしたり、夫を見送ったりと、悲しいことは人並みに経験してきましたが、何かを深刻に思い悩んだということは、おそらくなかったような気がします。

家族を失ったときはもちろん悲しみましたが、自分がしっかり生きていくことが、亡き人への何よりの供養になるという思いがあり、長く引きずることはありませんでした。

編集者の方にそう伝えたところ、「ぜひそうしたことをお話ししてください。トモコさんの考え方が楽天的で、それゆえに楽しく仕事を続けてこられたこと自体が、多くの読者のヒントになると思います」と言われ、**なるほど、楽しく生きて働き続けてきた話をすればいいのか**とストンとふに落ちたのです。

楽天的なのが取りえの私の話が、少しでもみなさんの気持ちをラクにできるのならば、お話しするのがこの年齢まで働き続けることのできた私のお役目なのかな、と思った次第です。

命ある限り、お客さんを大事にしながら、大好きな仕事を続けていきたい。

そして、せっかく話すならば、隠しごとなく、みなさんの役に立つお話をしたいと思います。それでは早速、はじめましょう。

101歳、現役の化粧品販売員　トモコさんの一生楽しく働く教え

もくじ

第2章

自分だけでなく周りの人の幸せも願う

第3章

働けることに感謝する

第4章

話し上手は聞き上手

143

第5章 何をするにも健康が最優先

トモコさんのお悩み相談10 220

第1章

他人と比べなくたっていい

1

すぐに行動する

思い立ったが吉日
後回しにせず
その場で即決する

みなさんは、自分がやりたい仕事をしていますか？

私は101歳になる今もやっています。それは、60年以上前から愛用していたポーラ化粧品のセールスの仕事です。

今でも新製品の研修や勉強会に参加することは欠かしません。そんなときは、自宅から7キロ離れたポーラの営業所まで、バスを乗り継いで行きます。

初めてポーラの化粧品を手にしたときから、「こんな素敵なものをたくさんの人に知ってもらう仕事をしてみたい」と思っていたんです。

とはいえ、そのころは、まだ3番目の子どもが小学生。

今のように学童保育が充実している時代でもなく、子を持つ女性が働く環境は整っていませんでした。

「しばらく、働くのは難しいだろうな」と思ってはいましたが、完全にあきらめたわけではありません。

だから、その数年後、外出したときにばったり会った友人のご主人が、「ポーラ化粧品の営業所を始めた」と聞いたとき、「ようやくチャンスが舞い込んできた！」と運命的なものを感じたんです。

制約があってもやりたい仕事に挑む

「私、その仕事、前からやりたいと思ってたの。私にもやらせて！」と即断即決、その場でお願いしたんです。

「じゃあ、今から一緒に営業所へ行ってみる？」と、その友人に誘われるまま、営業所へと向かい、そのままショップオーナーのご主人の話を聞きました。

その帰りにはポーラ化粧品のブランドロゴ入りのカバンに基礎化粧品をぎっしり詰めて、販売するための伝票もたくさんもらってきました。

ずっとやりたかった仕事なので、うれしくてたまらず、カバンの重さなどまったく気になりませんでした。

その夜、仕事から帰宅した主人に「私、これからポーラ化粧品のセールスをやることにしたのよ」と宣言したんです。

すると主人には、「別にやるのはかまわないけど、俺の知り合いのところには行くなよ」とくぎを刺されました。

主人は大正生まれの〝昔人間〟ですが、妻である私が働くことに関して「体裁が悪い」

とか「仕事なんかするな」と言わなかったことは、よかったように思います。

主人は比較的裕福な家庭に生まれたこともあり、気前よく部下におごってしまう人でした。のちほど詳しくお話ししますが、比較的高収入であったにもかかわらず、家庭に満足に生活費を入れなかったので、私が働くしかない生活を送ってきたのです。

だから、「働くな」などと言えた義理ではなかったというのもあるでしょうね。

仕事をすることで凛とした自分になる

私が絶えず仕事をして生活費を補填すれば、その分、お小遣いが潤沢に使えるというメリットも、主人にはあったでしょう。

それを差し引いたとしても、大正生まれの男性にしては、妻が外に出て働くことに関して比較的寛容だったことについては、ありがたかったと思っています。

主人は甘やかされたボンボン育ちで、困った点もありましたが、「あの年代の男性にしては」というただし書きではあるものの、鷹揚《おうよう》な部分があったのは、愛されて育った人ならではの美点だったのかもしれません。

また、主人は背が高く、今の言葉で言えば「シュッとしている」というタイプでしょうか。顔立ちもそこそこの、見た目のいい人でした。

おそらく自分の容姿にはそれなりの自信があり、「格好よくしていたい」という気持ちもあったのだと思います。そのうえ、仕事のお付き合いで華やかな女性のいる場所に出入りする機会もあったみたいです。

だからでしょうか、私にも「きちんとしていなさい」とか「きれいにしているように」などとよく言っていました。

まだ私がポーラ化粧品を使っていなかったころ、呆《あき》れたようにこう言われたことがあります。

「あのね、女性には身だしなみっていうものがあるんだよ。わかってるか?」。なりふりかまわず、お肌のお手入れさえしない私に興ざめしたのでしょう。

私がポーラの化粧品を使ってせっせとお手入れをするようになったのは、主人にそう言われたことが影響しているんです。

2

売れに売れる

ただ頑張って売るのではなく売れるポイントを押さえるドミナント戦略

セールス初日、主人に「俺の知り合いのところには行くな」と言われてしまい、はて、どこに行けばいいものかと頭をひねりました。

私の知り合いは、ほとんどが主人の知り合いでもあります。その道が断たれるとなると、まったく新しいところ、見知らぬ場所に行くしか選択肢はありません。

そこで、思い切って遠くまで行ってみることにしました。

ターゲットにしたのは県営住宅。**お客様となる奥様たちが1か所に多数集まっている県営住宅というのは、化粧品のセールスには最適の場所だと思ったんです。**

まだ一戸建てを持つ前の、比較的若い世代がたくさん住んでいるということもありました。また県営住宅は当時、市街地から遠い場所にあったため、近所に化粧品を売っているお店はないだろうとも思いました。

私は、ある種の嗅覚のようなもので県営住宅に通い始めましたが、このように、うまく商売ができる「場所」を選ぶというのは、基本として大切なことですね。

「時勢に乗っかる」という感覚も大事

昭和31年の「経済白書」で、有名な「もはや戦後ではない」と宣言されるなど、昭和30年代の日本は劇的な復興を遂げて、国全体が豊かになり始めていたのです。

私がポーラ化粧品のセールスを始めたのは、昭和37年。当時、日本は高度経済成長のまっただ中でした。

しかも、そのころの日本は若い人の数が多く、働く場所も働く人も消費する人も多かったので、お給料もどんどん上がっていきました。

「白物家電」と呼ばれる「炊飯器」「洗濯機」「冷蔵庫」が売り出されたり、カラーテレビの放送が始まったりしたのもこのころです。便利なものが登場して一家の主婦の家事の負担は大幅に軽くなりつつある時代でした。


食うや食わずの生活をしていたころは、食べることが第一でしたし、住むところの確保も重要な問題でした。美容もオシャレも、今日明日の生活の見通しが立たない中では、二の次三の次になるのは当然でしょう。

ところが生活にゆとりが生まれるにつれ、女性たちの心に「オシャレをしたい」「もっときれいになりたい」という思いが再燃してきたのです。

これは、時代に恵まれたとしか言いようがありませんが、うまく商売をするためには、「場所」だけではなく、「時勢」に乗ることも大切なんだと思いますね。

そんな時代に化粧品のセールスという仕事は、ぴったり合っていたのだと思います。

私が思った通り、県営住宅の奥様たちは、化粧品に強い興味を示してくれました。

「家にいながら化粧品が買えるなんて便利だわ」とか「ちょうど欲しいと思っていたところだったの」なんて、初日からありがたい言葉をたくさんかけてもらいました。

お客さんが抱える問題を解決する

やはり化粧品が欲しくても遠くまで行かないと買うことができないため、ほとんどの人がお肌のお手入れをしていなかったのです。

行きにはぎっしりと商品の化粧品が詰まっていたカバンの中身は、帰りにはほとんど空になるほどでした。「売れに売れた」と言っても過言ではないくらいでした。

女性が「きれいでいたい」と思えるくらい世の中が平和になったんだな、本当によかったな、としみじみ思いながら家路についたことを覚えています。そんなふうにして、私のセールスレディとしての記念すべき初日は過ぎていきました。

今回、本を出す機会をいただいて、これまでの自分自身の歩みを振り返ってみました。自分でも話しているうちに気づいたことが多々あります。

まずは遠い昔の話から、これまでの歩みをお話しさせてください。

3

新しいことを覚える

他人と比べるのではなく自分をライバルにして成長

私は1923（大正12）年4月9日生まれですが、同じ学年の中ではたいていいちばん早い生まれでした。

小学校に上がって、すぐに7歳になる「4月生まれ」と、ようやく6歳になったばかりの「3月生まれ」では、同じ学年とはいえ、幼いころは大きな差がありますよね。**4月生まれのうえ、長子・長女だった私は、やはり他の子よりはマセていたのだと思います。**

大正生まれの私の幼少期は、子どもの数も多いし、母親にとって家事は今とは比べものにならないくらい大きな負担でした。

だから、きょうだいの中でいちばん年長の私が、母親に近い立場にならざるを得なかったのです。

そんな家庭環境も手伝って、自分で言うのもおかしな話ですが、私はけっこうしっかりした子だったと思います。

新しいことに一歩踏み出す勇気

そして、**新しいことを覚えるのが大好きな子**でもありました。

新しいことを知りたい、覚えたい気持ちがすごく強かったのです。だから、学校の勉強が大好きでしたね。

だって、自分の知らないさまざまなことを覚えられるでしょう。学校から家に帰ったら家事が待っているので、自宅で勉強することはほとんどありませんでした。というよりも、必要なかったのかもしれません。

授業を聞いているのが、すごく楽しかったから、そこで覚えちゃうんです。楽しい話って頭に残りやすい。そんな感覚でした。

成績は「甲」「乙」「丙」の3段階の時代です。いちばんできるのが甲、普通が乙、もっと頑張れというのが丙ですね。

私はほとんど甲で、2つだけ乙がありました。それは「体操」と「唱歌」です。

体操というのは、今でいう体育。かけっこ（徒競走）をすることが多かったのですが、私は足が速いほうではなかったんです。遅くもないけれど、速くもない。

運動会は、嫌いでした。

人と比べず自分に挑む

音楽も今のように1人に1つ楽器が与えられるという時代ではなかったので、授業ではほとんど「唱歌」を歌っていました。

歌も下手ではないけど、うまいというわけでもなかったのでしょう。だから乙。ちょっと悔しかったです。


綴り方（作文）やお裁縫《さいほう》の「運針」などは得意中の得意で、提出するのはクラスの中で私がいちばん先でしたし、「上手にできている」と褒められてもいました。

あまり意識はしていませんでしたが、なんとなく「自分はいろんなことでいちばんが取れて当たり前」と思っていたのかもしれません。

おそらく、負けず嫌いなのでしょう。

ただ、**誰かと自分を比べて「○○さんに負けたくない」というのではなく、「自分ができないのが悔しい」とあくまで自分をライバルにしていた**ように思います。

「自分比」で考えればストレスが減る

この「ライバル視するのは自分だけ」というのは、終生変わらない私の根幹にある考え方です。

職場のように容易に人の仕事の成果がわかる場所にいると、つい人と自分を比べがちですよね。それでストレスをため込んだりして……。

でももしかしたら、それ以前にものごとを「自分比」で考えてみることで、「他人との比べっこ」をやめることができるかもしれません。

尺度はあくまでも「自分」にするのです。

昨日の自分よりも今日の自分は成長しているか、成長できていないと感じるのならばそれはなぜなのか？

そんなふうに考えるようにすると、他人に向けがちだった目が自分に向き、むやみに人のことが気になることもなくなっていくように思います。

4

何ごとも徹底マスター

やるとなったらとことんやると、いずれわが身を助ける

私が幼いころは、小学校卒業後の進路は、進学するか、就職するか、家事手伝いをするかの〝ほぼ3択〟でした。

進学先は男子なら中学校、女子なら女学校です。義務教育ではないので、進学する人は

限られていました。

私が通った小学校の同学年に女子は64人いましたが、そのうち女学校に進学したのは10人ほど。16％くらいの割合ですから、今から比べるとずいぶんと少なかったですね。

家庭にある程度、お金の余裕があったり、親の考え方に先進的なところがあったりしなければ、女子の進学は難しい時代だったのです。

私の家は取り立てて裕福だったわけではありませんが、教育に理解があったこと、それに私自身が勉強好きだったことから、進学させてもらうことができました。

進学組には放課後、受験対策として「特別授業」の時間が設けられていました。ちなみに、その授業を受けるのは、男女混合で20人くらいでした。

まさに「芸は身を助く」

無事に女学校へ進学でき、勉強は楽しかったです。10代といえば、記憶力は人生の中でもピークですから、面白いように何でもすぐに覚えられました。

覚えるといえば、女学校に入学してまもなく、「お琴」を習うようにもなりました。

ある日、母が出し抜けに「あんた、お琴やりなさいよ」と言い出したのです。

母自身、お琴を習うことに強い憧れを抱いていたものの、習う機会を得られなかったことを残念に思っていたようです。

自分で言うのもおかしな話ですが、私はわりとのみ込みが早く、手先が器用でもあったので、**「この娘に私の夢を託そう」**とでも思ったのでしょう。

私になんの断りもなく、さっさとお琴の先生を見つけ、入門のお願いまでしてきていたのですから、私としては母に従うしかありませんでした。


でも、結果的には母にとても感謝しています。

のちに結婚した私は、夫がお坊ちゃま育ちでお金に無頓着だったため、いささか経済的に苦労する羽目になるのですが、そのときに役に立ったのが若いころに身につけたお琴だったからです。

やるとなったらとことんやる私は、**師範のお免状を取れるまでお琴を続けた**おかげで、近所の娘さんたちに教えて月謝をいただくことができて、経済的にとても助かりました。

まさに「芸は身を助く」です。

自分の成長に欠かせない2つのこと

　また、地元の放送局の開局記念日の式典に呼ばれて、お琴を披露したこともあります。自分でやりたくて始めたことではありませんでしたが、一生懸命にお稽古したおかげで、得難い芸事が身についたのはありがたいことでした。
　何か1つのことを徹底してやれば、自分の人生にとってプラスになるということも、この経験からよくわかりました。

芸事もそうですが、仕事に関しても同じことがいえます。「一生懸命」と「積み重ね」――この2つがそろえば、怖いものなしです。

　それを知ることができたのは、45歳と早くに亡くなった母からの大きな贈り物だったと思っています。

5

宝塚に憧れて

人の内面は必ず外側に出るからキリッと凛々しく身を整える

女学校を卒業すると、私は就職する道を選びました。

そのころはまだ、外にお勤めに出る女性は多くありませんでした。当時、女性は大人になったら結婚して子どもを産み、舅《しゅうと》・姑《しゅうとめ》に仕えるもの、ずっと家にいて夫を支えるもの、というのが「常識」だった時代です。
結婚前の女性は「家事手伝い」という立場で、家の仕事を手伝って花嫁修業をするのが通例でした。

そんな中、私が就職を選んだのは、「これからは女性も働く時代」とか「働く女性ってかっこいい！」とか、のちに言われるようになった「ウーマンリブ」の思想を持っていたからではありません。

ただひたすら「宝塚歌劇団」（宝塚）に憧れていたからなのです。

私は宝塚がとても好きで、強い憧れを抱いていました。当時の宝塚では、海老茶の袴《はかま》が正装でしたが、見るたびに「なんて素敵なの！」と思っていたのです。

人は見た目も大事

なぜ、宝塚の袴と私の就職が結びつくのか、不思議に思われたことでしょう。
種明かしをしてしまうと、**「勤務先に袴姿で通えたから」**なのです。
昔も今も、私は女性が颯爽《さっそう》としている姿に憧れがあります。きれいな女性も好きだし、格好いい女性にも強い憧れを感じます。

「人は見た目ではない」といわれます。それは一面、真実ではあると思いますが、100%そうとは言い切れないとも思うのです。

だって、素敵とかきれい、格好いい、というのは、必ずしも外見だけのことではないでしょう？

その人の心の美しさとかきれいでいたい、格好よくありたいという美意識が外側に反映されるからこそ、「素敵」「きれい」「格好いい」となるのではないでしょうか。

人の内面は必ず外側に出てくる

人の内面は、必ず外側に出るものだと思います。

その意味で、宝塚の団員さんたちは、私にとって憧れの女性だったのです。

顔かたちの美しさは持って生まれたものなので、追いつくのは難しいけれども、キリッと凛々しい佇《たたず》まいとか、身のこなしの美しさ、服装などは、その気になれば誰でも真似することができます。

そこで、憧れの存在だった宝塚の団員さんたちの真似が少しでもできるのならばと、女性が袴姿で通勤している職場を選んだというわけです。

ちなみに、袴姿での通勤が義務付けられていたわけではありませんし、制服だったわけでもありません。

それでも袴姿が多かったということは、私だけでなく少なからず働く女性の心の中に**「キリッと凛々しくしていたい」「颯爽としていたい」**という思いがあったのかもしれませんね。

自分が好きなことを追求してみる

もう今から90年近く前のことなのに、初めて袴姿で通勤したときの晴れがましく、ちょっぴり誇らしい気持ちは、今でも鮮やかによみがえってきます。

のちに私は、ポーラ化粧品の化粧品販売員（セールスレディ）になったわけですが、「美」に関する仕事をするようになったきっかけが、ここにあったのかもしれないと思うようになりました。

今は「多様性」が叫ばれる時代になりましたし、多くの会社で副業も認められるようになってきています。

生活の柱になっている仕事に対して、「自分に合っていない」とか「楽しくない」と感じているのならば、副業で好きなことをやってみるのもいいのではないでしょうか？

自分が昔から好きだったもの、うまく口では説明できないけれども、なぜか心引かれるものを副業にしてみるのです。

もし「これも違う」と思ったら、どんどん違うことをやってみればいいと思います。いずれ自分に合うもの、やっていて楽しいしお金も稼げることが見つかるはずです。

人生100年時代といわれますが、101歳の私に言わせれば、100年たつのなんてあっという間ですよ。

我慢せずにやりたいことをどんどんやって、もっと人生を積極的に楽しんだほうがいいですよ！

6

職種は当時の最先端

自分のことでバカになってくれる〝親バカ〟には感謝

私の最初の就職先は、現在のＮＴＴ（日本電信電話）で、当時の「逓信省《ていしんしょう》」でした。逓信省は、郵便や電信電話を管轄していたのですが、私はそのうち電信電話（電話局）に就職したんです。

宝塚の袴姿に憧れたのも事実ですが、それ以前に父が郵便局で働いていたので、通信関係の仕事を身近に感じていたから、電話局を選んだように思います。

合格通知をいただいたあと、父が電話局の知り合いから**「お宅の娘さん、国語と英語の試験が満点だったぞ」**と連絡をもらったようで、とてもうれしそうにしていました。

それから何年かたってからも、折に触れて「トモコは採用試験で、国語と英語が満点だったな」なんて言っていましたから、よほど鼻が高かったのでしょうね。

よく〝親バカ〟と言いますが、考えてみれば、自分のことでバカになってくれるのなんて、親だけです。そう考えるとありがたいですよね。

日本の電話、今昔物語

ちなみに、みなさんは日本で電話が使われるようになったのは、いつからなのかご存じでしょうか？

余談となりますが、グラハム・ベルという人が、米国で電話機を開発したのが１８７６年のこと。その14年後、１８９０年（明治23年）に東京～横浜間で、日本初となる電話サービスが開始したんです。
そのときの加入者数は東京155世帯・横浜42世帯のわずか197世帯だったそうです（出典：KDDIトビラ）。

当時の電話帳（電話加入者人名表）には「一」から順番に、「電話番号」と「加入者名」が並んでいました。

ちなみに**「カステラ一番　電話は二番　三時のおやつは文明堂」**という有名なテレビコマーシャルがありますけれど、文明堂では新しい電話局が開局すると電話番号「二番」を買い取り、全店の電話番号が「二番」となった1935（昭和10）年に、電話帳の裏表紙に大きく「カステラ一番、電話は二番」と広告を出したそうです（出典：文明堂ＨＰ）。

昨日の自分より上達することを目指す

当初の電話は現在のように番号を直接ダイヤルするなり、プッシュボタンを押すなりすれば、つながるというものではありませんでした。

電話をかけたい人が、電話機についているハンドルを回して、電話局の交換手を呼び出し、「○番の□□さんと話をしたい」と伝えます。

すると、交換手が呼び出したい相手に「△番の××さんからお電話が入っています」というふうに伝え、接続用ケーブルのプラグを、かけた人・かけられた人の双方のジャックに差し込むことで回線が接続され、通話ができる仕組みでした。

手動なので、交換手がどれだけ短時間で正確に処理できるかが、重要なポイントだったんですね。

何しろ「昨日の自分」と競うのが大好きな私なので、この重要なポイントにならって、毎日「今日は昨日よりもお客さんをお待たせする時間を短くしよう！」と張り切って仕事に向かっていました。

若くて、もの覚えがよかったので、面白いくらいに早くなっていきます。うれしくてたまりませんでした。

この感覚は、若い人がゲームに熱中するのに近いものだったかもしれません。一刻も早く、正確につなぐことに、私はすっかり夢中になっていたんです。

お金をいただきながら、こんなに楽しい思いができるなんて、私はなんて幸せなんだろうと、いつも思っていました。

7

就職2年でグループリーダー

お客様から叱られることで否が応でも"コミュ力"が高まる

当時、電話交換手には、点（トン）と線（ツー）を組み合わせた「モールス信号」をマスターすることが奨励されていました。

試験があって、合格すると、月々のお給料の他に「手当」がついたんです。

新しいことに挑戦するのに目のない私なので、一生懸命勉強して試験に合格し、晴れて手当がもらえるようになりました。

友達からは「あんた、たくさんお給料もらえるから、毎月新しい着物をつくれるんでないの？」なんて冷やかされましたが、うれしかったです。

モールス信号をマスターしたこともあってか、**就職して2年が過ぎたころには「監督」と呼ばれる立場になりました。**今でいう「グループリーダー」ですね。

ずらっと並んで座った電話交換をする「交換手」の背後に立って、何か手間取ったり、対応に困ったりしている人をサポートする役割です。まさに〝援護射撃〟そのものです。

今より通信事情がよくないですから、なかなかスムーズにつながらず、お客さんが怒り出すこともしばしばありました。

そんなときに交換手に代わって、怒りを収めてもらうために「申し訳ございませんでした」などと愛想よくお詫びするんです。

言葉はあまりよろしくないですが、**「上手になだめて、怒りを鎮めていただく」というのがグループリーダーの重要な役割の1つだったんですね。**

嫌なことを引きずらないたった1つのコツ

私はもともと人見知りもしませんし、性格的にも陽気で、愛想のいいタイプだと思います。そうしたコミュニケーション能力は、仕事をすることで、否が応でも磨かれていった気がします。

あのころ、毎日どれくらいの人と話をしたことでしょう。そして、どれだけ見知らぬ人からのお叱りの言葉に対して、お詫びを言い続けたことでしょう。

仕事をしていると、理不尽だと思うこともありますよね。そして、理不尽な思いをさせられて、愉快な気分になる人はいませんよね。

でも、だからといって、不快感をずっと引きずるのはつらいものです。第一、誰も得をしません。

では、どうすればいいのか？

結局、割り切って「忘れてしまう」のがいちばんいいと思うのです。夜になったら寝て、翌朝起きたら忘れている。その繰り返しです。

ものごとを割り切るのが得意で、嫌な気持ちに引きずられることのほとんどない私ですが、それもこのころに培われたものなのかもしれないと、今になってみれば思います。

欠点ではなく、いいところを見る

グループリーダーが束ねるのは、女性ばかりの25人程度のグループです。

もしかして今、「うわ、めんどくさそう！」と思いませんでしたか？

よく「女性が3人集まれば派閥ができる」「女性の職場は人間関係が面倒」などといわれるくらい、女性の職場は大変だと思われているようです。

でも、実のところ私自身は、そう感じたことが一度もないんです。能天気に「うちのメンバーは、みんないい人ばっかり！」なんて思っていましたから。

もっとも、そう思っていたのは私だけで、私の気づかないところで、いろんなことを言われていたのかもしれません。

わずか2年でグループリーダーになった私を、面白く思わなかった人が、まったくいないほうが不自然でしょう。

でも、少なくとも私自身がそう感じたことはありませんでした。

他人の評価を気にしない鈍感力

他人がどう思うかは、他人の決めることだから、気にしても仕方ないですよね。

私は、まっとうなことをやることだけ考えて、あとは「どう思われようが人任せ」でいたほうがいいと思います。

作家の渡辺淳一さんが2007年に刊行した著作『鈍感力』は、100万部を超えるベストセラーになりましたね。

複雑な現代社会を生き抜くには、一種の〝鈍さ〟が必要であると説いた「鈍感力」は、小泉純一郎元首相が使ったこともあって流行語になりましたが、私こそ〝元祖・鈍感力〟の持ち主なのかもしれません。

だからこそ、他人の目を過剰に気にすることなく、自分が「こうしたほうがいい」と思ったやり方でやれたのだと思います。

鈍感なのって、けっこういいものですよ。少なくとも本人は楽です。

では、どうすれば鈍感になれるのか？

まずは「自分がどう思われているか」と考えることをいったんやめてみてはいかがでしょうか。そして、「どう思われているか」から「自分はどうありたいか」に、軸足を少しずつ移してみるのです。

いきなり鈍感になるのは難しいと思いますが、少しずつ〝敏感すぎて傷つきやすい私〟を手放していけるといいですね。

人にはそれぞれ好き嫌いがあるので、万人に愛されることは不可能です。それに人は、いったん「この人は、こういう人」と思うと、めったなことでは評価を変えません。

さらに、ここが重要なのですが、他人があなたを幸せにしてくれるわけでもありません。

つまり「自分がどう思われているか」を気にすることは、ほとんど意味のないことだと私は思うんです。

「人からこう見られたい自分」に近づくことよりも、「こうありたい自分」になる努力をしたほうが、ずっと幸せに生きられると思います。

8

お小遣いは副収入で

あり余る体力と気力から本業以外でも自分の〝腕試し〟

電話局の仕事は、「早番」と「遅番」の2交代制でした。

遅番の日は、夕方4時半から翌朝8時までの勤務です。夜勤ですが、交代で眠ることができましたし、夜中は日中ほど電話交換の件数が多くないので、つらいと思ったことはありません。

むしろ朝8時半には仕事が終わり、そのあとは自由に時間が使えるのでありがたかったくらいです。

何も遊びに行けるから、ありがたかったのではありません。母親が病弱だったので、家の仕事には、私の手が必要だったからです。

下の妹は、まだ幼かったので、その世話もしなければなりませんでした。


とりわけ、私にとってこの勤務形態がありがたかったのは、空いた時間で仕立て物の内職ができることでした。

私は子どものころから手仕事が大好きなんです。お裁縫であれ、編み物であれ、得意だという自覚がありました。

まだ20歳かそこらで、体力も気力もあり余っていたので、自分の腕試しもかねて「どれくらいやれるかやってみたい」と思っていたのです。

それに内職で得た副収入なら、心おきなく自分で使えるという思いもありました。

給料は全額実家に入れる

電話局で仕事をしているとき、私は家を空けることになります。その間、すでに健康を損なっていた母親に、家の仕事を任せなければなりません。

当時は家事において、長女の果たす役割は大きかったので、それを病弱な母に任せきりになることで、「私は十分なことができていない」「母に申し訳ない」と思っていたのです。

そこで、せめてお金のことでは不自由させたくないと思い、電話局でもらうお給料全額を家に入れるようにしていました。

時代背景として、「長子は家族を養うために働くもの」という価値観が強く残っていました。長男・長女は家の犠牲になるのが当たり前という時代だったんです。もっとも私には「家族の犠牲になっている」という思いは、これっぽっちもありませんでした。

父がまだ郵便局で働いていたこともあり、母は私に「そんなにお金に困っているわけじゃないから、給料を全部入れてくれなくてもいいよ。まず自分のお小遣いを抜いて、その残りを家に入れてくれれば十分だから」と言ってくれてはいました。

でも、それでは私の気がすまなかったんです。

9

家族の生活費を稼ぐ

自分が働くことで誰かが喜んでくれるのは心底ありがたいこと

私が内職をする仕立て物は、母が親しくしていた染物屋さんが持ってきてくれました。最初に「お試し」があって、男性用の「袷《あわせ》」という着物を縫う課題を与えられました。それにパスしたら、正式に仕事を回してもらえる仕組みです。

私は腕に自信がありましたから、この〝試験〟に落ちるわけがないと思っていました。
幸いなことに、「とても上手に仕上げてもらえてよかった」と言っていただくことができたので、次々と仕事を回してもらえるようになりました。

夜勤明けの日は、朝8時半に仕事を終えたら、走るように家に帰ったものです。

帰宅したら、まずは朝ご飯を食べます。お腹ペコペコで帰ってくるので、お釜の中の白いご飯がうれしくてたまりませんでした。

若かったこともあり、食欲旺盛で何膳でもご飯のお代わりをしたものです。今では考えられませんね。

父がそんな私の姿を見て、「飯はなんぼでも食っていいけど、釜までは食うなよ。ちゃんと釜は残しておけよ」なんて冗談を言っていたことを懐かしく思い出します。

喜ぶ人がいることが働くモチベーション

朝ご飯を食べたら早速、仕立て物に取りかかります。

人様が聞いたら、「よくそんなに働けるね」なんて思うかもしれませんが、私は少しも苦にならなかったんです。

会社でもらったお給料を母に渡すたびに、喜んでくれるのもうれしかったです。

仕立て物を頼んでくださる染物屋さんも、私が縫い上げた着物を受け取りにくるたびに「こんなにきれいに縫ってもらって」と、うれしそうにしてくださるのです。

いつの間にか私は、**自分が働くことで誰かが喜んでくれるのは心底ありがたいこと**と思うようになっていました。

それに後年、人付き合いのよすぎる主人と結婚して、生活費にこと欠くようになったとき、主人に恨みつらみをぶつけ続けるのではなく、「**じゃあ、私が生活費を稼ごう**」と考え方を変えることができたのも、このときの経験があったからだと思います。

もっとも、主人を甘やかすことになってしまったのかもしれませんけれど……。

早過ぎる母親の旅立ち

電話局の仕事と仕立て物の内職とで忙しいながらも、充実した毎日を送っていた私ですが、22歳のときに母を見送るという悲しい経験をしました。

45歳の早過ぎる死でした。

当時、いちばん下の妹は9歳。まだ母親に甘えたい年ごろです。この妹が不憫《ふびん》でならず、母亡きあとは、私がずいぶんと面倒を見るようになりました。かつては今ほど平均寿命が長くなかったので、早くに親を亡くす子は多かったと思います。子どもの数が多く、きょうだいの上と下で10歳以上の年齢差があるのは、ごく一般的でした。わが家のように母親が早くに亡くなり、姉が母親に代わって下の子を育てるというのも、よくあることでした。

私にしてみれば、きょうだいのいちばん上に生まれて、母親と長く一緒にいられた自分が妹の世話をするのは、当然すぎるほど当然のことだったんです。でも、妹にしてみると、ことさらやさしくしてもらった、丁寧に扱ってもらったという思いがあるようです。

その記憶が、今でも強烈に妹の心に残っているらしく、**「私にとって姉ちゃんはお母さんみたいなものだから、いつまでも長生きしてね」**と1人暮らしの私を気にかけて、しょっちゅうおいしいものを送ってくれるんです。

10

突然のプロポーズ

その日に
やれることやって
「今日も無事に過ぎたな」
と思えれば十分

仕事と内職と家事、それに妹の世話で、毎日が飛ぶように過ぎました。

当時の価値観では、女性は「いつか結婚するもの」、そして「主婦となって夫を支え、子どもを育てるもの」でした。

でも、果たしてあのころの私は、自分がいつか結婚して実家を出ると考えていたのか……あまりに昔のことでよく思い出せないのですが、結婚も子育ても「いつか自分に起こること」とは、とらえていなかったように思います。

私は今でもそうなのですが、基本的に先のことを考えないし、過去を振り返ることもまずないのです。

その日1日、自分がやれることをやって、「ああ、今日も無事に過ぎたな」と思えればそれで十分だと思います。

それは、何十年もたった今も変わりません。

とはいえ、自分では「このままで十分」と思っていても、人生というのは周囲からの思いがけない力で変わっていくところもあります。

それをもっとも強く感じたのが、突然プロポーズされ、父が大喜びしてトントン拍子に結婚が決まったときのことです。

その相手は14年前に亡くなった主人で、私とははとこ同士の関係にありました。父の姉が、主人の母親だったのです。

溺《でき》愛《あい》されて育った夫

主人の父親は戦争中に満州に渡り、南満州鉄道（満鉄）で事務方の役職に就いていました。ところが、妻である主人の母親が、次男にあたる主人を出産した後、結核を発病してしまいます。当時の結核といえば、死を覚悟しなければならないほどの大病でした。

感染ってしまっては大変ということで、まだ赤ん坊だった主人は、父方と母方、双方の祖母に育てられることになりました（主人の母方の祖母は、私の父方の祖母にあたります）。

満鉄勤めの父親は、「息子が世話になっているから」ということで、相当な金額の仕送りをしてきたそうです。

おばあさんたちはといえば、ただ主人を不憫がり、不憫な分だけかわいくてたまらないというふうに接していたようです。

「なんて可哀相《かわいそう》な子だろう。こんな小さいうちから母親と離れなくてはならないなんて、可哀相だ。ああ可哀相だ。そして、あぁ、なんて可愛い子だろう……」

そんなふうだったのではないかと、私は勝手に想像しています。

第2章

自分だけでなく周りの人の幸せも願う

11

苦労知らずの夫

年寄りっ子は三文安い夫の金銭感覚に翻弄《ほんろう》される

今の人はこんな言葉を知っているかどうかわかりませんが、昔は**「年寄りっ子は三文《さんもん》安い」**と言われたものです。

「年寄り」というのはおじいさん・おばあさんのこと、「三文」はお金のことです。

母親が子どもを育てるとき、どんなにかわいがったとしても、どこかに「この子を一人前にしなければ」という意識が働き、ただ甘やかすだけということはまずないでしょう。ところがおじいさん・おばあさんは、その子の先を見るよりも、「今のかわいさ」に溺れてしまうのですね。

だから**「おじいさん・おばあさんに育てられた子は、頼りない（大人になりきれない・使い物にならない）」**というわけです。

2人のおばあさんに舐《な》めるようにかわいがられて育てられたうちの主人は、まさにそのタイプでした。

主人の名誉のために申し添えておきますが、人はいいんですよ。曲がったことが大嫌いで、ズルいことは一切しませんでした。人間としては、上等な部類だったと思います。

でも、金銭感覚に限っては、やはり苦労をしたことのない人のそれだったんです。

初任給の5倍もの大学生の仕送り

主人は高校まで岩手県で過ごし、大学は早稲田大学法学部に通いました。大卒の初任給が20円かそこらだった時代に、主人のおばあさんからの仕送り額は100円近かったというのです。

朝からコーヒーを飲みに喫茶店に行ったり、好きなだけ本を買ったりして、いくらでも自由にお金を使えたと聞きました。

ところが終戦直前に召集され、外地まで行きつかないうちに終戦を迎え、岩手に戻ることになります。

大学卒業と同時に召集され、その年に終戦ですから、就職も何もあったものではありません。

本人としては、また東京に戻って司法試験の勉強をし、将来は弁護士に、という希望があったようですが、東京は焼け野原です。

かといって、戻った岩手に就職のあてがあるわけでもありませんでした。

12

持ち前の「鈍感力」

ひとつ屋根の下で「はとこ同士」として暮らすようになる

終戦を迎えて、学生時代の主人が行く先に迷っているとき、立ち上がったのが主人の叔父にあたる私の父です。

父は甥《おい》である主人をかわいがっていたらしく、窮状を見かねて就職の世話をしてやりたいと思ったのでしょう。私の父が岩手まで主人と話をしに行き、「福島なら就職先があるかもしれないから」と私の家に連れてきました。

つまり主人と私が、いわゆる「お年ごろ」だったときに、血のつながったはとこ同士としてひとつ屋根の下で暮らすようになったのです。

家族の間での私の呼び名は「ねえちゃん」だったので、当然のように主人も私のことを「ねえちゃん」と呼ぶようになりました。

幼いころから知っている同士なので、特に異性として見たことはありませんし、まさかのちに結婚するようになるとは思ってもいませんでした。

そもそも愛だの恋だのということに、あまり興味もなかったんです。

無意識に求められたこと

ただ、主人はしばしば私の仕事終わりに、電話局まで迎えに来てくれていました。

同僚には「ほら、また（彼が）来てるよ」なんて冷やかされたものです。主人のほうは、案外早い時期から私のことを異性として意識していたのかもしれませんね。

私は持ち前の「鈍感力」でもって、何も感じてはいませんでしたが……。

主人は苦労知らずのお坊ちゃまが大人になり、そのスタイルを崩さざるを得ないような苦労も経験せず、幸せなうちに一生を終える、そんな人生を送りました。

思うに、本人は自分の〝お坊ちゃま気質〟をよくわかっていたのでしょう。そして、そんな自分の弱点を補ってくれるような、姉のような母のような女性を無意識のうちに求めていたのかもしれません。

そんな若い男が、私が自分で言うのもおかしな話ですが、誰からも「しっかり者」「あなたといると安心する」と言われる私とひとつ屋根の下で暮らすようになったのです。

仕事と内職と家事で三足のわらじ

電話局の仕事と仕立て物の内職と、二足のわらじを履くだけでなく、母が亡くなってからは一家の「母親」としての役割を果たす様子を見て、**「こいつといれば安心できそうだ」**くらいは思ったのではないでしょうか。

式らしい式も挙げず、身内で簡単な会食という形ばかりのお祝いをしてもらい、仕事もやめ、慌ただしく主人の赴任地となった岩手県に引っ越して、新婚生活が始まりました。

13

食べ物の調達に明け暮れる

食べるものにもことかいたあのころを考えれば心もラクになる

私たち夫婦が、結婚と同時に岩手県に引っ越したのにはわけがあります。

父が甥である主人を案じて福島に連れてきて、あちらこちらに採用してもらえるよう頼んではみたものの、戦後の落ち着かない時期だったということもあり、結局、どこにも正式に採用してもらうことができなかったのです。

父の知り合いに銀行の重役がいて、**「あそこなら採用してくれるだろう」**と期待していたのですが、それもダメでした。

履歴書に「早稲田大学法学部卒業」とあったのが、よくなかったようです。

当時、大学まで進学する人は本当に少なかったので、大卒といえばエリート中のエリートです。

今なら「そういう優秀な人材にぜひ入社して欲しい」と思われるでしょうが、当時の福島では、頭取も大学は出ていなかったのだそうです。

そんな東京の大学を卒業したエリートに来られても、「どう扱っていいかわからない」ということだったのでしょう。

まさか高学歴が仇《あだ》になるとは思わず、そのときは父も主人もガッカリしていたようです。

困り果てた主人が、岩手県内の税務署に勤めている大学時代の同級生に相談したところ、「ちょうど1人やめたところだから、臨時職員でよければ入れてあげてもいいと上司が言っている」というのです。

そこで主人は、岩手に戻ることを決意。

「つきましては、ねえちゃんを僕にください」と宣言することになったわけですね。

こうして岩手での新婚生活が始まりました。

とにかく食べ物の確保に必死

せっかくこうやって新婚時代のお話をしているのですから、ついでに何か甘い思い出でも打ち明けられるといいのですが、思い出すことといえばただ1つ**「食べ物がなくて困った」**、それだけなんです。

日々の食べ物を確保するのに、とにかく必死。自分が結婚したのが昭和何年だったかも覚えていなかったほどです。

まだ、食べ物が配給制の時代でした。

なんと私たちは〝新たに転入してきた人たち〟に該当したため、その地域での配給の対象にならなかったのです。もともと、その土地で暮らしていた人たちに配給するだけで精いっぱいだったのでしょう。

売れるものはなんでも売った

主人は昼間、税務署へ仕事に行っていたので、食料の調達は私がするしかありませんでした。

幸い近隣には農家が多く、人手を求めていたので、畑仕事のお手伝いをして食べ物を分けてもらったり、多少の謝礼をいただいたりしました。

田植え仕事などもずいぶんやりました。蛭《ひる》に足を食われて、閉口したものです。

やがて手でグッと押さえ込んで、蛭を引き離すコツを覚えたときは、「これで大丈夫！」と安心しました。

売れるものは、なんでも売りました。

嫁入りのときに持たせてもらった着物も売ったし、大切に持っていたお琴の糸を農家の娘さんに譲ったこともあります。

本当にあのころのことを思い出すと、いったいどうやって日々食べていたのかと不思議なくらいです。

当時を知っている人たちは、きっと私と同じように感じていると思いますよ。

リュックサックが嫌いな理由《わけ》

なんとか今日1日、少しでも食べて命をつなごうと思ったら、時間のある人が買い出しに行くしかありません。

毎日毎日リュックサックを背負って、長い時間歩いて買い出しに行きました。

リュックは、私にとってつらい戦後の生活の象徴のようなものです。

よく「高齢者には両手が自由になるリュックがいい」などといわれますが、私は使いたくありません。戦後の買い出しを思い出すからです。

仕事でつらいと思ったことは一度もないのですが、あの買い出しは懲《こ》り懲《ご》りです。

あのころに比べれば、今は本当にいい時代です。お金さえ出せば食べ物が手に入るのですから。

今、円安が進んでいるのと、諸外国に比べて収入の伸びが悪いのとで、「日本は国力が落ちた」とか「日本はもうダメだ」とか言われています。

でも、戦中・戦後を知っている私からすれば、今の日本は天国ですよ、本当に。だって、「食うに困る」ということもなければ、爆弾がいつ落ちてくるかとハラハラすることもありませんから。

生きることは食べること。あの時代、私はそのことを、身をもって思い知らされたんです。

福島の父には、よく手紙を書きました。

心配をかけたくないと思いつつも、ついつい食べ物が手に入らないことを書いてしまっていたのでしょう。

岩手よりも福島のほうが早く復興し、食料事情もよくなっていたこと、さらに地方公務員の募集も始まっていたことから、主人は福島県の職員採用試験を受けることにしました。

幸い合格をいただくことができたので、福島県庁に入庁するため、1年間の岩手県での生活を終え、福島に戻ることになりました。

生まれてからずっと住んでいたなじみのある場所に戻れるのは、私にとって何よりもうれしいことでした。

14

給料を使い果たす

人に頼ってもダメ
自分でなんとか
道を切り拓く

戦後のどさくさも少しずつ収まり、主人も福島県の正規職員として就職。やれやれと胸をなでおろした……はずだったのですが、そうは問屋が卸しませんでした。

当時、公務員試験には「初級」「中級」「上級」と、最終学歴によって受けられる試験が違っていました。

大卒の主人は「上級」の公務員として採用されたので、思いのほか出世が早く、30歳になるかならないかで係長に昇進して、年上の部下をたくさん持つようになりました。

岩手では臨時職員だったうえ、戦後の配給の時代で満足に食べ物も手に入らなかったので、主人の浪費癖は収まっていたのですが、**今度は部下に飲ませ食わせするためにお金を使い始めたのです。**

とはいえ、満鉄勤めの義父がたくさんの仕送りをしてきたころとは違って、お金をたくさん持っているわけではありません。

そこで主人は、全部〝ツケ〟で部下に飲ませ食わせするようになったのです。

部下にお金を使った家計には入金ゼロ……

給料日には主人の行きつけの店のママさんたちが、ツケを払ってもらおうとやってきて、あっという間に給料袋はカラに……毎月のように、そんなことの繰り返しなわけです。

だから、家に入れるお金はゼロ。

給料日の翌朝、玄関に給与明細だけが入った給料袋を置き、「行ってきます」とすまし顔で県庁へと出勤していきます。

「はぁ？　給料日にお金を持ってこないってどういうこと？　どうやって生活しろって言うの？」と愕然《がくぜん》としました。

その日の夜、帰宅した主人をつかまえて、「いったい、どうするつもり？」と問い詰めたんです。

すると**「うん、そうだなぁ、泥棒でもしてくるしかないか」**とこうですよ。

暖簾《のれん》に腕押しというか、糠《ぬか》に釘《くぎ》というか……二の句が継げないとはこのことです。

夫に頼らず自分で稼ぐことを決意

そのとき、私はこう思ってしまったのです。

「もうこの人を頼ってもダメだ。自分で何とかしよう」と。

私のそんな考え方が、甘やかされたボンボンの主人を助長した部分はあったと思います。

でもそのときは、それよりもまず「今日、どうやってご飯を食べるか」のほうがずっと大事で、それには自分が働くしかないというふうにしか思えなかったんです。

そこで始めたのが、薬屋さんの箱づくりの内職でした。隣の奥さんがやっているのを知って、「私にもやらせて」と頼んで、やるようになりました。手先が器用なのが、この窮状でも活きてきたんですね。

箱づくりは、まず糊《のり》を煮てつくるところから始まります。材料になる紙をずらっと並べて、順番に糊づけして組み立てていくのですが、中で仕切りをつくらなければならず、ちょっとしたコツが必要でした。紙が糊で湿り気を帯びたタイミングで、仕切りになる紙を押し入れ、本体にぴったりと貼り合わせなければなりません。

仕切りを貼る位置がズレると使い物にならないので、ある種の器用さが求められる仕事でした。

15

内職が頼みの綱

他人をライバル視するよりも過去の自分を乗り越えるほうがいい

内職は「単価×個数」で、もらえるお金が決まります。少ししかつくれなければ、もらえるお金は少しですし、たくさんつくればその分たくさんのお金がもらえるわけですね。

もちろん、手先は器用なほうが有利です。中にはどうしてもきれいにつくれない人もいて、そういう人たちはお試しの段階で、発注先から「仕事は回せない」と断られてしまうと聞きました。

幸いなことに私は手先が器用だったものの、最初のうちは1日50個つくるのがやっとでした。それでも何かをつくること自体が好きなので、やり始めると夢中になりました。

そのうち、1日に何個つくれるかを、ゲーム感覚でチャレンジしたくなってきたんです。

最初は50個だったものが、100個、150個、200個……と、昨日の自分をライバルに、もっとつくれるようにチャレンジすることによって、少しずつ増えていくのは楽しかったです。

学校の勉強もそうでしたが、私は何ごとによらず、「これを絶対に身につけてみせる!」という気持ちが強いのでしょうね。

慣れるに従って要領をつかんでくると、1日300個もつくれるようになりました。

向上心に火をつけること

はっきりと数字になって成果が表れる箱づくりの仕事は、向上心のある私に向いていたのだと思います。

どんな仕事も同じだと思いますが、誰かをライバルと考えるよりも、自分自身をライバルに過去の自分を乗り越えようとするほうが、他人に妙な敵対心を抱いてモヤモヤすることも少ないと思います。

いつも材料を運んできてくれる隣の家の旦那さんに運び賃をお支払いして、手元に残るのは1か月分で4500円くらいでした。

昭和20年代の終わりごろのことですが、当時の大卒の初任給は5600円くらいの時代です。内職でそれだけ稼げたというのは、われながらなかなかすごかったのではないかと思います。

もちろん、家計的にもとても楽になりました。

16

果樹畑でアルバイト

大変と思う余裕もないほど必死になれば二足のわらじならぬ三足のわらじだって履ける

わが家の生活を支えていた箱づくりの内職ですが、仕事が切れることのあるのが玉に瑕《きず》でした。

そんなときに備えて、私はもう1つの収入源を確保していました。それは、果樹畑の手伝いでした。

近所に梨畑があったので、「私にも手伝わせてもらえない？」と持ちかけたのです。兼業農家の旦那さんの仕事が休みの日は、夫婦2人で作業していましたが、普段は奥さんが1人で作業していたので、「手伝ってもらえると、こちらも助かるわ！」と、とても喜ばれました。

なんでもやってみれば学びがある

手伝ってみて初めて知ったのですが、出荷できるような品質の果物をつくるには、間引く作業がとても重要なんですね。

多いときだと1本の枝にたくさんの実がなるのですが、早い段階でよさそうなのを2つ、多くても3つくらい残して、あとは全部間引いてしまいます。

大きくなってくると、鳥に食われないように袋をかける作業をしなければなりません。紐《ひも》で、口を縛ってね。

高いところでの作業ですし、ずっと上を向いていなければならないので、それなりに体力のいる仕事でした。

梨畑で働く私の姿を見て、別のリンゴ農家の奥さんが「うちの手伝いもしてくれない？」と声をかけてくれて、**二足のわらじならぬ三足のわらじを履くようになりました。**

梨農家からもリンゴ農家からも頻繁にお手伝いを頼まれたので、年がら年中働いていましたね。

当時は、私もまだ30歳になるかならないかくらい。若くて体も丈夫だったので、少しもこたえませんでしたが、今にしてみるとよくやったなと思います。

子育てしながら仕事にフル回転

梨農家のお手伝いに行くようになったころには、子どもが3人に増えていました。いちばん上が昭和22年生まれの女の子、次が昭和25年生まれの男の子、末っ子がその翌年の昭和26年に生まれた女の子です。

こう言うと、「えっ？　そんなに立て続けに生んで、子育てしながら仕事をするのは大変だったでしょう？」と言われるのですが、実はよく覚えていないんです。

「とにかく働かないと食べるものに不自由してしまう！」という思いが強く、毎日毎日が必死すぎて、「大変」と感じる余裕もなかったというのが正直なところです。

ただ1つ覚えているのは、いつも子どもを目の端に入れておけるようにしていたこと。当時の福島には、私の知る限り、母親が働いている間、子どもを預かってくれるところはありませんでした。

だからといって、3人の幼い子どもたちを置いて、働きに出るわけにもいきません。その点、家でできる内職は、とてもありがたい仕事だったんです。

農家のお手伝いには、まだ幼かった子を連れて行きました。先方にも同じ年ごろのお子さんがいたので、コロコロと子犬のようにじゃれ合って遊んでいました。

子育てに関して、私は今の人には呆《あき》れられそうなほど放任していました。

なぜなら子どもには、食べさせるので精一杯。細やかに相手をしてやれるほどの余裕はなかったのです。無事に育ってくれたことに、感謝しかありません。

17

衝撃的な出合い

自分が使ってみて本当にいいと思ったモノだからこそ売れる

やがて主人のお給料も上がり、多少は家にお金を入れる余裕もできたようで、わが家の生活にもゆとりが出てきました。

化粧品の訪問販売で成長していたポーラ化粧品と出合ったのは、末っ子が小学生のころだったと思います。

あるとき、親しくしている友人の自宅に招かれて行ったところ、初対面の女性がいたのです。とてもきれいにお化粧をした人で、女性の私ですら、しげしげと顔を見たくなるほどでした。

すると友人が**「この人きれいでしょ？　いくつくらいだと思う？」**と、唐突に尋ねてくるではありませんか。せいぜい30代半ばくらいだろうと思って、素直にそう言うと「50歳だよ」と言うんです。

「どうしてそんなにきれいなの？」と思わず聞いてしまいました。

するとその人は、「知り合いが美容部員をしているから、ポーラ化粧品を使っているのよ」と言います。

「私も使いたいから、その人に、うちに来てくれるように言ってよ」とお願いしたのがきっかけで、ポーラとのご縁ができたんです。

大好きな化粧品のとりこになる

その後、うちにやって来たのは、そのきれいな人の知人とは別の美容部員でしたが、ポーラの化粧品が買えるのなら売ってくれる人は誰でもいいというくらい、使ってみたいという好奇心が強まっていたので、気にはなりませんでした。

その美容部員と話をしながら、実際に化粧品を使ってお手入れをしてもらったところ、肌にグングン潤い成分が入ってきて、最後にクリームまでつけると、肌を守るやさしいベールがかけられたような気がしました。

嘘《うそ》のように聞こえるかもしれませんが、もうすっかり心は、その化粧品のとりこになったくらいです。

でもいかんせん、現金一括払いで買えるほどの経済的余裕はありません。

そこで「私、これが気に入ったからシリーズでまとめて買って使いたいんだけど、あいにくお金がないから何か月かに分けてお支払いしていい？」とダメ元で尋ねたところ、**「いいよ、毎月集金に来るから」**と快諾してくれたのです。

すすめてみれば大評判

その化粧品を使えるのがうれしくて、毎朝・毎晩、うっとりと化粧品の容器を眺めつつ、心をこめてお肌のお手入れをするようになりました。

それまで日々の生活費を稼ぐことに追われて、化粧品の「け」の字もなかった私ですが、心の奥底には「きれいになりたい」という思いがあったのですね。

それからしばらくたったある日、近所の人から「堀野さん、なんだか最近やけにきれいになったんじゃないの？」と言われて驚きました。

「まだ若いから大丈夫」と思って、なんのお手入れもしていなかったところへ、いい化粧品を使って入念にお手入れを始めたので、効果ができめんだったのでしょう。

「いったい、何を使ったらそんなに変わるわけ？」と、ご近所さんの質問は続きます。「実はポーラの化粧品を使い始めたのよ」と言うと、「えっ！　あの高級な化粧品？　私も使ってみたいけど、お金がなくて買えないわ」と言います。

「私もお金はないんだけど、大丈夫、月賦で買えるから」と教えてあげたら、「それなら私も使ってみたい」「私も買いたい」「私も」「私も」と大評判になったんです。

ちなみに現在は、月賦払いを一切行っていません。

18

セールスをしたい

自分だけでなく周りの人にも幸せになって欲しいという気持ち

私が住んでいた市営住宅は、2軒連なった平屋づくりでした。

近所の子どもたちは、皆似たような年ごろで、旦那さんたちのほとんどは同じような勤め人です。年齢も家庭環境も近いので、お互いの家を気安く行き来し、仲よくお付き合いさせてもらいました。

女性が集まれば、自然にさまざまな生活情報が飛び交います。

中でも美容に関しては、まだ化粧品会社の数も情報も少なかったので、「あれがいいらしいよ」と聞けば、誰もが飛びつくような時代でした。

特にポーラは、他の化粧品会社のように店舗を構えて販売することがなかったので、希少価値が高く、高級品のイメージが強かったんです。

そんなこともあって、手を出すにはいささかハードルが高く、「私なんかが使えるような化粧品じゃない」という先入観を持った奥様たちが多かったようです。

ところが、私が使い始めたこと、しかも月賦で買わせてもらっていることで、そのハードルがぐっと低くなり、市営住宅の奥様たちの多くが、ポーラ化粧品のファンになっていったんです。

自分と生活レベルが似通っていて、実際に商品を使っている人の口コミというのは、とても影響力が強いことを実感しました。

そして、私自身が口コミの発信源になっていることにも気づきました。

思い入れの強い商品を届ける幸せ

これで私はピンと来ました。

「私自身がポーラ化粧品のセールスをすれば、市営住宅の奥さんたちが買いやすくなるだけでなく、私に売り上げの一部も入ってくる」

電話局の仕事、仕立て物、箱づくりの内職や果樹園の手伝いなど、これまでどんな仕事も厭《いと》わずやってきました。

それに一度もイヤだと思ったことがなく、仕事の内容を問わず、どれも私に達成感と楽しさ、やりがいを感じさせてくれました。


そんな数々の仕事の経験を通してみても、化粧品のセールスの仕事は、格別な魅力があるように感じられました。

その理由の1つに、私ほどポーラ化粧品への思い入れが強い人間は、そういないと思えたというのがあります。


私は好奇心旺盛で、自分がいいと思ったものを伝えたいという気持ちが強く、何かにつけて「堀野さんからそう聞くと、自分も使ってみたくなる」とか「その方法、試してみたくなる」などとよく言われていました。

そんな私が、こと自分が使っている化粧品の話になると、一段と熱が入るのです。

使い始めてから私の肌がいかによくなったか、使い心地はどんななのか、これまで紹介した人たちがいかに満足しているか、シリーズの全部をそろえるとそれなりの金額になるけれども、月賦で買わせてもらえるので主婦にも手を出しやすいこと……。

笑顔あふれる生活を送って欲しい

さらには、近所の奥さんを私の家に招いて、実際に私が使っている化粧品を手にとってもらい、顔や手につけてあげて、お手入れの真似ごとまでする始末です。

自分で使うだけでなく、他の人に正しい商品知識を伝えて、この素晴らしい化粧品をもっと広く知ってもらい、より多くの女性がきれいになって、笑顔あふれる生活を送って欲しい……きれいごとのように聞こえるかもしれませんが、本当にそう思うようになったのです。

とはいえ、当時の私は3人の子どもを抱える家庭の主婦で、末っ子はまだ9歳と手がかかる年ごろです。

そのころ、ポーラ化粧品の美容部員になるには、仙台まで行って講習を受けなければなりませんでした。心引かれながらも、自分の家庭環境を考えると、時期尚早とあきらめる他ありませんでした。

人生にはタイミングというものがありますよね。どんなに望んでも、条件的にその望みを叶えられないこともあれば、思わぬ方向から予想もしなかった話が飛び込んでくることもあります。

私はあまり1つの考えに執着しないほうなので、「今やれないなら仕方ないな」と考えを変えました。

今の時代、あきらめることは、よくないことみたいな風潮がありますが、ときにはあきらめを受け入れることも必要なんじゃないかと思います。

少なくとも、あきらめることに罪悪感を抱く必要は、ないんじゃないでしょうか。

今、やれることをやって、いつか巡ってくるかもしれない「そのとき」を楽しみに待つ。

それでいいと思うんです。

19

予想外の売り上げ

生命保険のセールスの仕事で営業成績上位になった1つのポイント

やむなくポーラ化粧品のセールスレディになるのを断念した私ですが、まったく別の方向からやってきた話を断り切れず、セールスの仕事をしたことがあります。

友人が神妙な顔つきで私の家にやってきて、「**どうしても堀野さんにお願いしたいこ**

とがあるの」と言ってきたんです。

どうしたのかと思って話を聞いてみると、「私、生命保険のセールスの仕事をしているんだけど、この間、会社に『やめます』って言ったの。そうしたら『あなたの代わりに誰か1人、この会社に入れてください』と言われてしまって……」と言うのです。

今、考えてみると、その人は個人事業主だったはずですから、そうした契約をしていたのかもしれませんが、そうでなければやめるもやめないも自由のはず。だから、おかしな話なのかもしれませんが、そのときは「そういうものか」と思ってしまいました。

彼女いわく**「こんなことを頼めるのは、堀野さんしかいないの」**と。

困り切っているように見えたので、とりあえず顔だけ出して友達としての義理を果たそうというつもりで行ったら、先方は迎え入れる気満々だったんです。

保険勧誘の研修で基礎が身につく

営業所に着くなり、事務手続きをさせられ、翌日から早速、保険勧誘の研修が始まりました。訪問先の玄関前に立ち、声をかける練習からさせられました。

まだ玄関にブザーもベルもなかった時代のことなので、玄関の引き戸の前で「ごめんください」と声をかけるところから始まります。

奥様が出てきてくれたら、「奥様でいらっしゃいますか」と丁寧な言葉で話しかけ、玄関先にお花が咲いていたら「きれいなお花ですね」などと、世間話から始めて警戒心を解き、家に上げてもらうというシミュレーションです。

毎日毎日、そんな練習をして、1か月が過ぎたくらいから、実際に訪問営業をすることになりました。

私としては望んで始めた仕事ではないので、そう乗り気ではなかったのですが、やる以上は契約を取らなければならないと思っていたので、一生懸命やりました。

入社早々、営業成績上位にランクイン

やってみてわかったのは、「自分は入りたいけど、主人の意見を聞いてみないとわからない」という奥様が多かったことです。

そのため、夜、旦那さんたちが帰宅し、夕食も終わって落ち着いた時間にしばしば伺う

ようにしました。

そのおかげで成績も上がって、入社早々上位にランキングされるようになり、営業所長に「これからも期待しているよ」なんて声をかけられたりしました。

ところが、生命保険のセールスを始めて何か月か過ぎたある日、突然の腹痛に見舞われたんです。あわてて主人が運転する車で救急病院に連れて行ってもらったところ、俗に盲腸と呼ばれる「虫垂炎《ちゅうすいえん》」を発症していることがわかり、即手術となりました。

もちろん、しばらくセールスの仕事はできません。

病院のベッドで、つくづくと思いました。「やっぱり生命保険の仕事は、ほどほどにしておけということかな」と。

営業成績はよく、それなりに多くの収入を得られたのですが、自分自身が夢中になれないものを売り続けることはできないとも感じました。

そこで、友人への義理も果たしたことだし、いい区切りになるからとやめさせてもらったんです。

20

ついに念願が叶う

同じ時間を使うのならば喜びをもって売れるものを選ぶ

盲腸の手術をきっかけに生命保険のセールスの仕事をやめた後、私はついに念願かなってポーラ化粧品のセールスレディの仕事を始めることになりました。

そのきっかけが、偶然の出来事だったことは、前述した通りです。

町中で古くからの友人にばったり出くわし、その人の口から「うちの主人が最近、ポーラ化粧品の営業所を始めたのよ」という言葉が出たときの驚きは、今でも忘れられません。

「運命」という言葉を軽々しく使いたくはないのですが、このときばかりは「こういう運命だったんだ！」と強く思いました。

だって、私ほどポーラの化粧品を愛用している人は、そうそういないだろうと思うくらいでしたから。

日ごろから愛用している私は、近所の奥さんたちと世間話をしていて美容の話題になると、ついついその化粧品のよさについて熱弁をふるっていたんです。

するとみんな興味を持って、「私も買いたい」と言い始めるのは、すでにお話しした通りです。

これはもう、ポーラ化粧品を売ることが、私の天職だと示していたようなものかもしれません。

生保の営業をやってよかった3つのこと

先ほど、生命保険の仕事は、あまり好きではなかったと言いましたが、それでもやってよかったと思うことはいくつもあります。

1つは、契約数に応じて収入が増えたこと。お金に苦労してきたので、まずは夫に頼ることなく収入を得られることに感謝したのです。

2つ目は、セールスをするのなら、「本当に自分が好きなもの」「その商品について知りたい」「人にそのよさを伝えたい」という思い入れがある商材にしたほうがいいと気づけたことです。

どうせ同じ時間と労力を費やすのなら、ワクワクしながら、喜びをもって売れるもののほうがいいということです。

そして3つ目が「私にはセールスという仕事が向いている」と思えたことです。

自分ではあまり好きとは思えなかった保険商品でも売ることができましたし、しかも営業成績もよかったことは大きな自信になりました。

もしも自分が好きなものをセールスする立場になれば、きっと保険以上に売り上げを立てられるのではないかと思ったのです。

やりたくないことでもやってみる

好き好んで始めたわけではなく、むしろ友達に頼み込まれて断り切れずにやむなく足を踏み入れた生命保険のセールスでしたが、結果として私にとっては大きな気づきをもたらしてくれたわけです。

そのときはわからないけれども、後になってみたら「自分にとって得難《えがた》い経験だった」と思えるようなことは、案外たくさんあるのではないでしょうか。

食わず嫌いで通り過ぎてしまえばそれまでですが、実際にやってみたら思いがけない自分に出会うことができるかもしれませんね。

保険営業の仕事は長く続けられるものではなかったけれど、これも天職＝ポーラ化粧品のセールスの準備期間だったとも言えます。

人生には無駄がないんだなぁと思います。

第3章

働けることに感謝する

21

自分とお客さんの共通メリット

お客さんとの接点を得るための両者にメリットのある仕組み

私は自分自身が「化粧水」「乳液」「クリーム」の3点セットを使ってきて、肌がしっとりとなめらかになった経験から、ぜひセットでお手入れをして欲しいと思っていました。

効率よく販売して売り上げを伸ばしたいという思いがないといえば嘘になりますが、

それよりも最大限効果を得るためには3点セットを購入するのがベストだと、自分自身が第一のユーザーとして胸を張って言えるからです。

この3つが基本中の基本で、これらによってお肌の状態を改善したところにファンデーションをつけると、驚くほどきれいになります。

もちろん、3点セットでのお手入れ前に、化粧落としのクレンジングや洗顔料などもラインアップとしてはあるのですが、一度にたくさんおすすめしても「そんなに買えないわ」「この人、強引に売りつけようとしてるのかしら」なんて思われてしまいます。

だから最初は、基本中の基本である3点セットのおすすめから入るようにしました。

喜んでくれるお客さんに感謝する

美容に興味のある人は、雑誌などで読んで「化粧水→乳液→クリーム」とステップを踏むことの大切さをわかっていましたが、ほとんどの人はどれか1つしか使っていません。

そこで、「洗顔後は化粧水をつけるようにしてくださいね」と化粧水をつけるメリット（お肌の水分を補う）をお話しして、「次は乳液です。乳液には水分が蒸発するのを防いだり、風などの外部からの刺激からお肌を守ったりする働きがあります」と説明していきます。

「最後のクリームはお肌に1枚、膜を張って潤いを閉じ込める役割をします」と、実際に化粧品をつけて、感触を確かめてもらいながら説明すると、**ほとんどの奥様たちは「じゃあ、3つセットで欲しいわ」と納得してくださるんです。**

「とてもいいものだというのはわかったわ。でも、いっぺんに買うのはちょっとね……」

と言う人には、「大丈夫ですよ。月賦でのお支払いでもかまいませんので」と、やはり分割払いをおすすめするようにしました。

私自身もそうしてもらってとても助かりましたし、目の前のこの人がポーラ化粧品を使ってきれいになっていくのを見てみたい、という気持ちも強かったです。

「月賦でかまわない」と言うと、みなさん顔をパッと輝かせて「それなら私も使えるわ」と喜んでくれました。

お客さんとの接点を大切にする

やはり、「売ろう」と横車を押してても買ってはいただけません。自分が「本当にいいと思う商品」をおすすめするからこそ、買っていただけるんだなと思います。

ちょっとした高額品をわが家のような一般のサラリーマン家庭に月賦販売する仕組みは、当時、さまざまな業態で人気を集めていました。

高度経済成長で毎年給料が上がるインフレーション（インフレ）の時代でもありましたから、月賦販売はサラリーマン家庭にとって悪い話ではなかったのです。

また、現実的なことを言えば、私の側にもメリットは大いにありました。**というのも、月賦にすれば「集金」という名目で1か月に1回、顧客の自宅を訪問することができるからです。これが貴重なセールスの接点になります。**

商品を売るセールスの仕事は、いかに顧客に嫌がられずに接点を持つか、そして上手に商品のよさを伝えて成約につなげるかが肝になります。

集金という形で訪問を許してもらえれば、「そういえば、今度、こんな新しい商品が出るんですよ」とスムーズにセールスの機会を得られます。

買う側にとって無理なく欲しいものが購入でき、売る側にとってもメリット大のこの売り方を、私はとても気に入っていました。

22

飛び込み営業

お客さん同士が集まることでセールスをサロン化する

「セールスの仕事ってつらそう」と思う人が多いのではないでしょうか？

特に私がやっていたのは、事前の約束なしにご自宅を訪問する、いわゆる「飛び込み営業」なので、まず玄関を開けてもらうのが大変と思われるようです。

でも私自身には、そう大変だった思いはないのです。

これもまた、生命保険の営業経験があったからなのかもしれません。

礼儀正しく、感じよくご挨拶することや、警戒心を解く方法、家に上げてもらえるような話の運び方など、生命保険会社で1か月かけて徹底的に仕込まれたのが役に立ちました。

ましてセールスするのは、自分が愛用している大好きな化粧品です。

その人が本来持っている輝きを引き出してあげたい、少しでも多くの女性にきれいになっていく喜びを知って欲しいという気持ちでいっぱいでした。

誰にでも吠える犬に懐かれる

そういえば、こんな笑い話があります。

あるお客様の家の玄関先に犬小屋があり、雑種の中型犬を飼っていました。

その横を抜けて玄関をトントンとノックすると、そのお宅のご夫婦が「あら、犬が吠えなかった！」と驚くではありませんか。

聞けば、その犬はご近所でも吠えることで有名で、人に懐くことがないそうなのです。

よく来る友人や親戚《しんせき》にも吠えるし、近づくと噛みついたりもするので、かわいげのない犬だと思われるのが不憫だと思っていたそうなんです。

ところが私には吠えるどころか、しっぽを振ってお愛想をしたので、「この犬が吠えなかったのは初めてだ！」と、ご夫婦は驚くとともに大喜び。私も「犬にも認めてもらえるようになった」とうれしくなりました（笑）。

主人が無類の動物好きで、犬や猫をよくかわいがっていたので、私も影響を受けて犬猫には親しみを感じていました。**動物は敏感なので、もしかしたらその「動物好きのにおい」を感じ取ったのかもしれませんね。**

犬に好かれたおかげで、その家の奥様には、ずいぶんと化粧品を買ってもらいました。

稼ごうとせず、ご縁を大事にする

そんなふうにして毎日コツコツと足で回って新規顧客の開拓に勤《いそ》しんだところ、1か月たつころには50人の顧客と〝来月の訪問のお約束〟ができていました。

私はおしゃべりなこともあり、お客様との会話がはずんで、1日に回れるのは午前と午後に1軒ずっといったところでした。

翌月に50人のお客様を訪ねるとしたら、1日2軒訪ねたとして25日稼働することになります。それ以上に顧客が増えると、せっかくご縁のあった最初のお客様に不義理をすることになるかもしれません。

そこで必要以上に欲を出すのをやめて、2か月目からは既存顧客の訪問だけにとどめ、飛び込み営業による新規開拓はやめることにしました。それでもお客様が自分のお友達に口コミで宣伝してくれたので、売り上げは上がる一方でした。

中にはグループをつくって私が商品を持って行くのを待っていてくれたこともしょっちゅうありました。

そんな場は、私を中心にしたサロンのようになります。専業主婦にとっては、ちょっとした空き時間の楽しみにもなるので、そのサロンへの参加費のようなつもりで、化粧品を購入していただいていたところも、少しはあったのかもしれません。

お金をたくさん稼ごうと、無理をするよりも、お客様を大事にすることで、自然とよいご縁が広がります。

そして、お客様との関係を楽しみながら、セールスもさせていただけるんですね。

23

新人で驚異の営業成績

年間6000セット以上も売って「最優秀新人賞」を獲得

後から他の人に言われて、「なるほど」と思ったことがあります。

それは私のセールスの仕方が、お客様に抵抗感を感じさせないものだったということです。

私自身は意図してそうしたわけではないのですが、毎月顔を合わせることで親しみを感じてもらいやすくなったというのが大きかったと思います。

売る側と買う側という垣根を超えて、プライベートな友達と楽しく会ってお話をするという感覚を、少なくとも私の側は持っていたことは確かです。

その会話の流れの中で、それまでお客様が使ったことのない化粧品を紹介する機会をつくりやすくなっていたように思います。

自分でも驚きの営業成績

このセールスの仕方は、ポーラ化粧品のセールスレディになった1年後に「最優秀新人賞」という形で評価されました。

1年間の私の売上高は500万円。現在の貨幣価値からすると、金額はかなり多くなると思います。

なぜなら、当時の乳液の値段は250円だったからです。なぜか乳液だけ覚えていて、化粧水とクリームの値段は覚えていないのですが、1人のお客様がこれらの3点を買ってくれたとして、売り上げは800円くらいだったと思います。

これをベースにすると、私は3点セットを1年間に何セット売ったことになるでしょうか？　**500万円÷800円＝6250セット**

1年365日、毎日稼働したとして1日あたり17セットを売ったことになります。

東京のように人の数が多いわけでもない福島で、普通の主婦だった私が営業成績トップを取ったのですから、周りの人たちも驚いていました。

誰よりも、私自身がいちばん驚きました。

私の認識としては、お客様を1か月に1回ずつ訪ねては、楽しくお話ししながらお代を受け取り、ついでがあれば必要なものを買ってもらうということを繰り返してきただけなのです。

やっぱり表彰されると励みになる

トップセールスレディになろうなんて思ったこともなければ、こんなふうに新人賞のようなものがあり、表彰される仕組みがあることも知りませんでした。

そのあたりの期待が何もなかっただけに、本当にうれしかったです。

「こんなにいいことがあるんだったら、セールスの仕事をずっとしていきたい」と素直に思えました。

表彰式は、都内のホテルで行われました。てっきり私以外にも表彰される人がいるものと思い込み、同じ立場の人と会えると楽しみにしていたら、私だけで拍子抜けでした。でも、あの日の晴れがましさは、今でもよく覚えています。表彰式のためにロングドレスとハイヒールを買ったときの高揚感は、今でも鮮やかに胸によみがえってきます。

ところで、そのロングドレスが納戸にしまってあったので、何十年か前に久しぶりに出して、体にあててみました。

すると当時はぴったりだった着丈が、何十センチも余るようになっているではありませんか。年を重ねて背が縮んでしまったんだなと、そのときばかりは自分の年齢を突きつけられた気がしました（笑）。

24

「売れればいい」わけじゃない

「説得」ではなく「納得」してもらう

最初に思いがけなく売り上げが上がり、表彰を受けたことは大いに励みになりました。

歩合制ですから、もちろん少しでも多く売って、収入を増やしたいというのが根底にありましたが、「売れさえすればいい」と思ったことは一度もありません。

営業職の人で「嫌なお客にいい顔をして頭を下げなければならないのがツライ」と嘆く人もいるそうですが、そんな思いをしたことは、今の今までなかったんです。

それは、個人相手の営業だったということが関係しているかもしれません。

よく「以心伝心」と言いますが、自分の思っていることは相手に伝わるし、相手の思っていることはなんとなくわかるもの。

玄関ドアをノックしてお客様と顔を合わせてお話ししていると、相手が自分のことを受け入れてくれているか、あるいは迷惑がって拒絶しているか、気持ちが伝わってきます。

自分の売る商品には価値がある

嫌がっていそうなお客様については、「ああ、この人には今、こういう商品は必要ないし、私とも関わりたくないんだな。ご迷惑にならないように失礼しよう」と思い、深追いはしませんでした。

嫌がっている人を説得して買ってもらえる段階までこぎつけるよりも、その時間があったら、少しでも喜んでくれる人に、1人でも多く会いたいという気持ちでした。

よくお客様から「トモコさんのお話を聞いていると、使ってみたくてたまらなくなっちゃうわ」と言われました。

私自身、新商品が出るたびに使ってみては「なんて素敵な商品！」と心から思っていたので、その気持ちがあふれ出していたのではないでしょうか。

熱い気持ちは、必ず相手に伝わります。それをうっとうしいと思うか、興味を抱いてくれて、「それじゃあ私も使ってみようか」と思ってくれるかは、相手次第です。

私はポーラの化粧品には、ぞっこんほれ込んでいたので、いやが上にも「これがいかに優れた商品であるか」について、熱く語っていたのだと思います。

だから、比較的高い商品でも、お客様は納得したうえで買ってくれました。

「自分が売っている商品には、それだけの価値がある」という信念が私の心の中心にあったので、案外強気だったかもしれませんね。

でも、それくらいの気持ちがないと、とてもあれだけの売り上げを立てることはできなかったと思います。

25

心を通わす

セールスで大切にしている3つのこと

私がセールスで大切にしているのは、自分が売っている商品に誇りを持ち続けること、お客様に信頼されること、心を通わせることの3つです。

今になって、お客様にとっては、月1回会うくらいの距離感が気楽でよかったのかな、とも思います。

人には、なまじ親しい人には言えないことがありますよね。「よく顔を合わせる人に、こんなことは知られたくない」とか、心配をかけたくないというのもあるでしょう。

場合によっては、「この人がどこかでこのことを話してしまい、他の人にまで知られちゃうんじゃないか」という思いがあるかもしれません。

その点、離れた場所に住んでいて、お互いの日常生活に入り込むことのないセールスレディの私という存在は、身近な人には言えない〝打ち明け話〟をするには、格好の相手だったりします。

もちろん私は、お客様のプライベートな話を他のお客様の耳に入れるようなことは絶対にしません。

きちんと秘密を守るからこそ、心を許して打ち明け話をしてくれるんです。

「あの人、いろんなところを回っていろんな人の話を聞いては、あちこちでしゃべってる」なんて噂《うわさ》が立ったら、それこそ信用問題に関わりますからね。

26

オリジナルノートで管理

60年以上書きためた宝物の「顧客売上帳」

お客様には、本当によくしてもらいました。

たとえば、旅行好きで、いろんなところに行くお客様がいたんです。旦那様が絹織物を外国に輸出する仕事をしていたそうですが、その人は毎回、私にお土産を買ってきてくれました。

キラキラ光る金細工のブローチや、焼き物の産地では茶わんなどを買ってきてくれたのです。

ある病院の院長夫人にも、ずいぶんよくしてもらいました。

最初にお会いしたときから意気投合したのですが、「こんな商品が出ましたよ」と紹介すると、欠かさず買ってくれるのです。

あるとき、初めて3万円のクリームが出たとき、私は内心、**「確かにいい商品ではあるけれども、さすがにこの金額のクリームを買う人はそうそういないだろう」**と思っていました。

ところが、その院長夫人は、お肌につけてみるなり気に入り、「このクリーム、すごくいいわ。私、買います」と言ってくれました。

お金持ちということもあるかとは思いますが、お客様は本当にいいと思ったものにはお金を出してくださるのだとも思うのです。

それが励みになって、高価なクリームでもたくさん売ることができたんです。

でも、そんなお客様も、多くの方々が亡くなってしまいました。私が101歳になるのですから、それも仕方ありませんよね。

書きためてきた顧客売上帳

私は、この仕事を始めたときから、欠かさずオリジナルの「顧客売上帳」をつけるようにしています。

お客様の名前、住所、自宅電話が普及してからは電話番号、いつ何をいくら買ってもらったか、月賦で払ってもらった日時と金額など、必要なことを全部つけてきました。

61年書きためてきた顧客売上帳（ほんの一部です）

それが60冊もの束になって、縁側の物入れに入っています。

あるとき、取材のために来てくれた記者さんに、「お仕事の思い出が形になって残っているものはありますか？」と聞かれてから、それを取り出して見せるようになりました。

「こんなにたくさんあるなんて！　堀野さん、このお客様の全員を覚えているんですか？」と言われますが、ほとんどの人を覚えています。

この帳面を見るたびに、かつて私から化粧品を買ってくれたお客様の多くが、亡くなってしまったのだなぁと思うと、胸にこみ上げるものがあります。

多くのお客様が長いお付き合いだったので、よく覚えています。

名前を見ては、「この人とは、あんな話をしたなぁ」「あの人は新商品が好きで、新しいものが出るとすぐに買ってくれたなぁ」なんて、思い出して懐かしんでいます。

「袖振り合うも他生《たしょう》の縁」といいます。セールスレディとして、お客様と長くお付き合いできたのは、よほど縁があってのことなのでしょうね。

お客様たちがいてくれたからこそ、今の私があると思うと、本当にありがたいです。

27

かわいそうどころか幸せ者

夫の3倍稼ぐ妻が実感する働けることへの感謝

この顧客売上帳は、化粧品を買ってくれたお客様のデータ管理のために使っていたのですが、それとは別に営業所に対して報告書を提出することになっていました。

どういうお客様に、どの商品をいくつ買ってもらったか、売り上げが立つたびに、その取引を記録するのが決まりでした。

私はそのルールを守り、お客様の名前、住所、いくらで買ってもらって入金はいくらだったかを、欠かさず書くようにしていました。

ところが、後から知ったのですが、私と同時にセールスレディを始めた他の5人は、最初の数回は提出したものの、その後は誰も提出していなかったのだとか。

何年もたってからわかったことですが、当時、事務員さんだった人で、後に営業所長になった女性から、「ちゃんと報告書を提出してくれたのは、堀野さんだけだったよ」と言われて驚きました。

今なら報告書を出さないなんてあり得ないと思いますが、そのころはそれでも通用したのですね。

お金を稼げる「仕事」にする

「仕事」という意識をしっかりもってやるというよりも、「主婦でもやれると聞いたから、お小遣い稼ぎにやってみようか」という人が多かったのかもしれません。

別にそのことを批判するつもりも、非難するつもりも一切ないんですよ。そういう時代だったし、そうした働き方もあっていいと思うんです。

私が報告書を欠かさず提出していたのは、主婦のお小遣い稼ぎでは満足できないのが自分でわかっていたからなんです。

私の中には、「自分はこれを、ちゃんとお金を稼ぐ『仕事』にするんだ」というはっきりとした思いがありました。

子どもが将来、大学へ行きたいと言えば、お金を出してやりたいと思いましたし、それを実現するには、自分が働くのが手っ取り早いとも思っていました。

そのころは日本の高度経済成長期で、まだ夫は仕事、妻は専業主婦として家庭を守るという時代です。

一家の主婦で働きに出る人は、そう多くありませんでした。あからさまに言われたことはありませんが、「外で働かなくちゃならないなんて、かわいそうに」という目で見られていたかもしれません。

夫の3倍稼いだことも

でも、私自身はそういうふうに思ったことは一度もありません。むしろ、「働けるのは幸せなこと」と思っていたくらいです。

だって働けるということは、心身ともに仕事に耐えられるだけの健康があり、自分を頼りにしてくれている人がいるということだと思っているからです。

かわいそうどころか幸せ者……これこそが一貫した私の「働くこと」に対する考え方なんです。

それに県庁勤めの主人のお給料が1万円だったとき、私は3万円の収入があったんです。主人の3倍稼いでくる妻というのは、あのころは少なかったと思いますよ。

主人に対しては言わないようにしていましたが、「私、この人の3倍も稼げるんだから」と思うとかなりいい気分でした。

主人の名誉のために言い添えておきますと、そのうち主人は役所でどんどん出世し、昇給していったので、〝妻の収入3倍期間〟は、そう長くは続きませんでした。

28

部下を持つ身になる

営業所長として自分だけでなくみんなのパフォーマンスを統括

あるとき、所属していた営業所の所長に呼ばれて、「販路拡大のために堀野さんに営業所をやって欲しい」と言われたことがありました。

営業所の所長になるには、一定以上の売り上げを継続的に上げ続けていること、固

定客がついていることなど、いくつかの条件があります。

先ほどお話ししたように、報告書も欠かさず毎月提出していたので、事務的な面でもしっかりしていると思われたのかもしれません。

自分では考えたこともありませんでしたが、それだけ評価されたということなので、とてもうれしく思いました。

とはいえ、営業所長となると、自分のノルマだけ達成していればよいわけではないので、今まで以上に責任が重たくなりますし、家を空けることが増えるかもしれません。

まずは主人に相談して了解を得てからと思い、話してみたところ「やってみたらいいんじゃないの？」とあっさりしたものでした。

管理職としての新たな仕事

主人が「やっていい」と言うのならば、やらない理由はありません。

「精いっぱい頑張りますので、よろしくお願いします」と正式にお話を受けて、営業所長としてポーラ化粧品に関わっていくことになりました。

営業所長には、さまざまな義務が課されます。

営業所として毎月一定の売り上げを立てなければなりませんし、そのためにはセールスレディを一定数確保するための採用活動もしなければなりません。

セールスレディの統括管理や新商品に関する知識を身につけてもらうための月1回の会合開催や、売り上げ管理など、事務的なことも全部把握しておく必要があります。

責任も収入も倍増

やることは大幅に増えますが、その分、収入面も大きく増えるというメリットもありました。

営業所の家賃はショップオーナーの負担なので、自己負担はありません。セールスレディとしての自分自身の売り上げからの歩合のほか、営業所全体の売り上げの何%かをもらうことができ、さらに営業所長の役職手当もつきます。

そんなわけで収入的には一セールスレディだったときの2・5〜3倍にアップしました。

ちょうど真ん中の息子が、主人の母校である早稲田大学に進学したころでした。私の収入が増えたおかげで、仕送りができたんです。

主人が大学生のころ、満鉄のエリートサラリーマンだった父親からもらっていたほど多くの仕送りはできませんでしたが、当時の大学生としてはそこそこ困らないほどの生活費を送れたのではないかと思います。

営業所長としていちばん苦労したこと

またこの時期、ある程度の貯金ができたのも、ありがたいことでした。

人生、お金を貯められるときと、どうやっても貯められないときがあるのではないでしょうか。

営業所長をやっていた時期は、私にとってはまさに〝貯め時〟でした。郵便局や銀行の預金金利がいい時代だったこともあり、それなりにお金を貯めることができたんです。

主人の給料だけだと全部生活費でなくなってしまい、息子への仕送りもまとまった金額の貯金もできなかったと思います。

取材のたびによく「営業所長時代に苦労したことはなんですか？」と聞かれるのですが、楽しかった思い出ばかりで「苦労した」という実感がないんです。

ただ、いつも「誰か一緒に働いてくれる人を入れなくちゃ！」と思ってはいました。営業所としてやっていくには、一定数のセールスレディが欠かせなかったからです。

人の採用はいちばん苦心した点かもしれません。

どの会社でも同じだと思いますが、人って本当にわからないものなんです。

面接のときには誰でも意欲的なそぶりをするし、愛想よくもしますよね。「人の印象は、第一印象で決まる」なんて言われますけど、第一印象がよかったからといって、仕事の能力や仕事に対する意欲があるかというと、そうとも限りません。

私自身、何人もスカウトしましたよ。そして、自分がスカウトして採用した人が成果を上げると、自分のこと以上にうれしかったものです。

29

マネジメントのマイルール

組織のリーダーとしてのモットーは「えこひいきしないこと」だけ

私は女学校時代に簿記の勉強をしたので、営業所長になって最初のころは、経理も自分で担当していました。

ところが規模が大きくなるにつれ、自分でセールスをしながら、営業所の事務作業まで一手に引き受けるのは難しくなり、小学校時代の同級生で信頼できる女性に事務員さんとして入ってもらいました。負担が軽くなり、大助かりでした。

営業所のスタッフは、多いときで10人以上いました。とはいえ、みんなが営業所にそろうのは、月1回の会合のときと、お客様のところへ持っていく商品を受け取るときくらいです。

ですから、営業所とはいえ自由度が高く、組織としての縛りは少なかったんです。

そうした中で売り上げを伸ばす人もいましたが、売り上げが立つのは自分が使う分とそう多くない友人・知人が買ってくれたときだけ、という人もいました。

リーダーとして唯一心がけてきたこと

それぞれが自分の望む立場、望むやり方で仕事ができたので、特に大きな不満が出ることはありませんでした。

私のようにより多く稼ぎたい人は頑張ればいいし、そこそこやれば十分という人はそれでよかったのです。

誰に対してもあまり気をつかわず、自然に接するのが習慣になっているので、営業所のみなさんに対しても、さほど気をつかうことはなかったように思います。

唯一、気をつけていたのが「えこひいきをしないこと」、これだけです。

大きな売り上げを上げる人に対しても、売り上げが少ない人に対しても、同じように接するようにしていました。

私自身は、わりとえこひいきされる側に回ることが多かったように思います。目をかけてもらっていたということでしょうから、ありがたいことだったとも思っています。

みんなに同じように接する

でも、そのこととは別に、上に立つ人はみんなに平等に接したほうがいいのではないかと考えたのです。

えこひいきされた人はうれしいかもしれませんが、されなかった人は寂しく感じるのではないでしょうか。

だから、みんな一緒。

これはプライベートでのお付き合いでも同じです。しょっちゅう顔を合わせる人にも、たまにしか会わない人にも同じように接します。今もそれは変わりません。

営業所の会合は、唯一、メンバー全員が顔を合わせる場です。

その場を楽しいものにしたいと思っていた私は、営業所長になる前からお菓子を持って行くようにしていました。

家にいつもいろんないただきもののお菓子があったので、袋があればそれを詰め合わせのセットにして人数分を持って行き、袋を切らしているときは、その場で配るようにしました。

みんなもう「堀野さんはお菓子を持ってくる人」と思っているので、普通に受け取っていますが、特に最初のうちはありがたがられました。

30

高い目標を共有する

リーダーが自ら手本となる実績を積んでメンバーみんなの士気を高める

営業所としての売り上げ目標は、月額200万円でした。当時は営業所にも売り上げごとにランクがあり、200万円以上だと上位に入れるんです。

営業所としての売り上げを増やすには、まずは営業所長である私自身が頑張って、

成績を上げてお手本を見せないといけないと思いました。

やはり上の者が成果を出すと、メンバーみんなの励みになりますからね。

事務員として営業所に入ってくれた私の同級生が、頭がよく、きびきび動くし、営業所員への気配りもできる人だったので、とても助かりました。

安心して事務を任せることができたばかりか、雑用も嫌がらずに、よくやってくれたんです。

ラッキーな巡り合わせで仕事に集中

彼女が入社する前は、ポーラの本社から届いた商品を開梱してチェックし、商品別に備品の棚に並べる作業を私1人で担っていました。

そう大きな営業所ではないので、さほど時間がかかるわけではないのですが、経理などの事務作業もあるので、必然的に私の作業量は多くなってしまいます。

事務作業と商品管理、この2つを任せることができたのは、本当にありがたかったです。

また営業所の立地は、私にとって、とてもラッキーでもありました。

なんと、主人の勤務先と道路をはさんで向かい側に建っていたのです。仕事中、主人が外回りから帰り、駐車場で車を降りるのが見えるほど間近でした。

主人は車通勤をしていたので、仕事終わりの時間が近いときは示し合わせて、一緒に車で帰宅することもありました。バスに乗って帰るのと違って、主人の車に乗せてもらえたときは、心身のほぐれ方が違いましたよ。

有能な同級生の事務員と、うれしがって私を車に乗せてくれる主人のおかげで、営業所長時代は仕事に集中することができました。

私の売り上げは月60万円くらいだったでしょうか。私がスカウトした人がその次で月30万円くらい。

営業所全体の売り上げとしては、月180万円くらいありました。

共通の目標で士気を高める

福島では売り上げ上位の営業所だったので、営業所の会合でも士気は高まりました。

新商品が出ると、まず私たち営業所長が呼ばれて、商品知識や使い方の講習を受けます。

それを各自が営業所に持ち帰り、講師になってセールスレディに教える仕組みになっていました。

私も新商品の勉強をよくしましたが、メンバーのみんなも熱心でした。

月1回の営業所の会合は、1日がかりです。朝10時に集まり、営業所の売り上げ状況を報告したり、新商品の勉強会をしたりします。

お昼には仕出し弁当をみんなで食べ、私が持ってきたお菓子をつまんだり、お茶を飲んだりしてなごむ時間もありました。

「来月こそは売り上げ200万円になるように頑張ろうね！」なんて言い合うことで、連帯感が生まれ、「さあ、明日から頑張るぞ！」という気持ちになることができました。

第4章

話し上手は聞き上手

31

理不尽にも動じない

「今、このとき」に一生懸命打ち込めば想定外のことが起きても後悔しない

いつも元気な私ですが、とりわけ営業所長時代は、元気でエネルギーに満ちていたように思います。

営業所全体の売り上げやスタッフの管理など、責任は重いですし、忙しい毎日ではあり

ましたが、**私はそれに対して重圧を感じたり「慌ただしくて嫌だな」と感じたりするのではなく、むしろ「全部ひっくるめて楽しんじゃおう！」と思ったんです。**

新商品のサンプルが出ると、まずは自分が最初のユーザーとなって使用します。使い心地を自分自身が試してみることで、どのお客様に合うかがわかるんです。頭の中にはお客様のデータが全部入っているので、「○○さんは今、商品Aと商品Bを使っているから、この新商品をプラスすれば、こんなふうにお肌がよくなっていくのでは？」というふうに、自然とおすすめする方法が頭に浮かんできます。

そうやって頭の中でプランを立てるのが、楽しくて仕方ありませんでした。

人生は想定外のことが訪れるもの

売り上げが伸びて営業所が活気づいていくのにも、やりがいを感じていました。

ところが、ある日突然、そんな日々が終わりを迎えることになったのです。

きっかけは主人の定年退職でした。当時は55歳になると定年退職になった時代です。今より、ずっと早かったんですね。

県庁勤務の公務員だったので、その後も働こうと思えば、ちょっとした天下りのようなかたちで働くこともできたのに、本人は趣味でやっていた「長唄」をもっと楽しみたいのでやめると言います。

それも、〝私を道連れに〟ですよ。

主人いわく、「セールスの仕事を続けるのはかまわない。俺がヒマになるから、車でどこへでもセールスに連れて行ってやる」と。

「ただ、長い時間家を留守にするような働き方はしてくれるな。ついては営業所長はやめて欲しい」と、こうきました。

要は、仕事をやめてひとりぼっちで長い時間家にいるのは、寂しいし耐えられない。だから一緒にやめようよ、僕をひとりぼっちにしないでよ、ということだったのでしょう。

これには、さすがの私もガックリきました。

いつも今を大切にして一生懸命

私は、いつも「今、このとき」だけで生きているので、何を何年やったなどということをほとんど覚えていないんです。

でも、このときばかりは思いました。「営業所長を15年も続けて、築き上げてきたものを手放さなくてはならないのか」と。

私にしては、本当に珍しいことなんです。「15年やった」と年数を覚えているなんてことは。


このエピソードを若い人に話すと、「ええっ！　それでご主人の要望を素直に受け入れたんですか!?」と驚かれます。

今の時代、当時の主人のような言いぐさは通用しないのでしょうね。

「やり切った」という潔さ

私は考え方が新しいようでいて、戦前の男性優位社会の教育を受けた身です。

反論することも思いつかず、「主人がそういうなら仕方ない」と思い、営業所長をやめることにしました。

こんなふうに思い切れたのは、自分の中に「これまで一生懸命やってきた」という

自負があったからかもしれません。

自分の意志とは別のところでやめることになってしまいましたが、「営業所長として、やるべきことはやり切った」という達成感もあったのだと思います。

それと、セールス自体を続けることは主人も賛成してくれましたし、「車でセールス先に連れて行ってやる」と言ってくれたのも大きかったです。

なんといっても、体が楽でしょ？

総合的に判断すると、主人の言うことを聞いたほうが得策かな、と思ったわけです。

また、「せっかくここまでやってきたのに」という思いとは別に、心のどこかに「これがいい潮時なのかもしれない」という気持ちもあったように思います。

私は流れに逆らわないタイプなので、「強制終了」となるからには、それなりの意味があるだろうと感じたんです。

営業所長として、やりたいことは全部やったので、**「次のステージに行きなさい」ということなのかな？**と受け止めました。

32

トラブルを乗り越える

失ったものを数えるより今手にしているものを数えるほうがいい

営業エリアを統括しているマネジャーに「こういう事情で営業所長をやめさせていただきたい」と告げたところ、驚かれはしましたが、引き留められることはありませんでした。

当時は今よりも一家の主《あるじ》の意向第一という風潮が残っていたので、主人が定年退職するのでやめたいというのに、反対するわけにはいかないと思われたのかもしれません。

私が営業所長をやめることになって、営業所自体を閉じることになりました。

事前に営業所のみんなに事情を話して、「みなさん、自分の行きたい営業所に行ってくださいね」とお願いしました。

私は元いた営業所に戻ったのですが、メンバーの半分くらいは「堀野さんと一緒のところに行きたい」とついてきてくれたんです。それは、やはりうれしかったですよ。

初心に立ち返ることの大切さ

営業所長ではなくなり、セールスレディの1人になったので、収入は以前に逆戻りです。お客様により多く喜ばれて、自分の収入も増やしていきたいという気持ちでやってきたので、収入減になったのは、正直ちょっと残念ではありました。

でも営業所長としての役目を終え、再度、元の立場になってみると、それはそれでいいものだな、とも感じました。気がつけば、子どもたちの教育にお金のかかる期間もすでに終わっていて、そうあくせく働かなくてもすむようになっていたのです。

そうなると営業所全体の売り上げを気にしたり、スタッフを雇い入れるのに心を砕いたりすることなく、自分がお客様とどう関わっていくかということだけに集中すればいい立場は、決して悪いものではなかったのです。

むしろ、初心に帰ることができてよかったかもしれません。

失ったものより、今あるものを数える

さらに今回は主人という運転手つきです。私自身は車の運転をしませんから、どこにセールスに行くにも、自分の足を使わなければならなかったのに比べると、主人の車でどこにでも連れて行ってもらえるのは本当に楽でした。

ものは考えようだなと、このときしみじみ思ったものです。

失ったものを数えるより、今手にしているものを数えるほうがいいですものね。

営業所長という立場を失った代わりに、自分にとって楽な働き方が手に入ったのだと自然に思えるようになっていきました。

33

同僚の妬《ねた》み嫉《そね》み

負の感情に左右されたり負の面を厭《いと》わしく感じたりしない

そんな具合で心機一転、上機嫌に仕事をしていたのですが、中には私のことを面白くなく思っていた人もいたようなのです。

営業所の会合のとき、例によって「みんなで食べよう」と思い、お菓子を持って行ったのですが、1人だけ不機嫌なそぶりを見せる人がいたんです。

嫌なことは忘れるタチなので、具体的にどういう態度をとられていたのか、あまりよく覚えていないのですが、1つだけ記憶に残っていることがあります。

バレンタインデーが近くなった日の会合にチョコレートを持って行き、みんなに配っていたら、その人が「私、チョコレート大嫌い！」と言うのです。

おやまぁ、ずいぶんとはっきりものを言う人だなとは思いましたが、口には出さず「あらー、そうなの。それはそれは」と無理に渡さず、引っ込めました。

周りの人たちは、最初はあっけにとられていましたが、そのうちヒソヒソと「堀野さん、幸せそうだから妬まれてるんじゃないの」という声が聞こえてきます。

あとで同僚から「さっきの言い方、ひどかったね。堀野さんは営業成績もいいし、運転手役を買って出てくれるようなやさしい旦那さんがいるから、うらやましいんだと思うよ」と言われ**「なるほど、そういうふうに受け取る人もいるのか」**と勉強になりました。

負の感情に左右されない

決して愉快な体験ではありませんが、その人のことをすごく嫌いになったり、恨んだりしたかというと、そういうこともないのです。

たぶん、私には相手の負の感情に左右されたり、負の面を厭わしく感じたりする部分がないのだと思います。

負の感情に左右されても、何にもいいことはないですからね。

そういえば、いつの時代のことか忘れてしまいましたが、ツケで4万円ほど買ってくれたお客様に、商品代金を払ってもらえなかったことがありました。

初めてのお客様で、「外で会いたい」ということだったので、喫茶店でお話をして買ってもらったんです。

そのときに「お金はこのお店に取りに来てね」と言われて住所を渡されたので、後日、集金に行ったら、店長さんが出てきて「その人、もうやめちゃったよ」と言うではありませんか。

ひどいことをされた相手を思いやる

入ったばかりのアルバイトという立場だったらしく、店長さんは住所も知らないし、次の勤務先も知らないと言います。

「これは代金の回収ができないな……」とあきらめました。

結局、だまされた形です。商品はすでに渡してしまって売り上げは立っているので、商品代金は私が身銭を切るしかありませんでした。

思えば、ひどい話です。周囲の人たちは憤慨していましたが、当の私は「**こういうことをする人もいるんだなぁ。よっぽど差し迫った事情でもあったんだろうか**」などと相手のことを思っていました。

やはり私は、人の負の面に左右される感性を持ち合わせていないのです。だから、いつも心を平たんに保つことができたのかな、と思います。

まさに「鈍感力」の賜物《たまもの》であり、これがあったから長く仕事を続けて来られたのかもしれませんね。

34

伴《はん》侶《りょ》の病気

夫の入院で
福島から東京へ
その間も
休まずお客さんに対応

お付き合いのあったお客様も、私が80歳を過ぎたころから、次々と亡くなるようになったわけですが、私自身は、主人の闘病に直面することになりました。

10年くらい「あそこが悪い」「ここが悪い」と言い続けていたのですが、あるときポリープが見つかったんです。

東京に住んでいる息子が、「お父さんに最高の医療を受けさせたい」と言い、東大病院（東京大学医学部附属病院）に入院させることになりました。

東京での滞在先からは、バス1本で病院まで通うことができたのですが、毎日のことだったので、それは大変でした。


何しろ福島のわが家だって、1人でいられなくて私に営業所をやめさせたような夫です。個室で話し相手もいなくて、寂しかったのでしょう。

携帯電話が普及し始めたころでしたが、私たち夫婦は2人とも、すでに持っていました。そして、私が病院の廊下を歩いていると、夫から電話がかかってくるのです。

「遅い！　いつまで待たせるんだ！」なんてね。**高齢者になっても甘えん坊が直らなかったのですから、いい気なものです。**

さすがに息子も呆れて「このままじゃお母さんが参っちゃうから、土日くらいお見舞いに来るのはやめて、体を休ませればいいのに」と言い出す始末です。

でも、ダメでしたね。夫は「毎日来い」の一点張りでした。

看病しながらもお客様に対応

東京には1か月ほど滞在しましたが、その間もお客様からの注文は、電話で受けるようにしていました。

主人の入院も私が付き添わなければならないことも、私の側の事情です。お客様に迷惑をかけたり、不便な思いをさせたりするわけにはいきませんからね。

ご注文を受けたら営業所に連絡して、お客様に送ってもらいました。それに備えてお客様の連絡先は、全部控えて持って行きましたよ。

そのころは1か月の売り上げ目標が20万円だったので、それをキープできてホッとしました。

主人が治療で入院しているときに、当時83歳の私は仕事の算段に頭を巡らせていたのですから、笑ってしまいますね。

苦境での幸いに感謝

福島に帰ってきてお客様のところに集金に行くと、みなさんちゃんと代金を端数まできれいにそろえてくれていました。

私がノートにつけていた金額とピタッと合って、「なんていいお客様に恵まれたんだろう」と、改めて感謝の気持ちがこみ上げてきたのを覚えています。

営業所からも「うちでは堀野さんの売り上げを頼りにしているので、できる範囲でいいから仕事をして欲しい」と言われていたので、それを果たすことができたのもうれしいことでした。

自分の売り上げ目標も気がかりでしたが、営業所に迷惑をかけたくないという気持ちは強かったです。

いつも出席していた営業所の会合には、さすがに出られないので、せめてもの気持ちで東京からお菓子を送りました。

35

どこでも一期一会

新しいお客さんとの出会いは思いもよらぬ偶然の賜物

病気らしい病気をしたことのない私ですが、97歳のとき、バスを降りる際に転んで骨折して、入院するはめになりました。そのころ、定期的にお会いしていたお客様は8人いましたが、なんと入院先で新たなお客様との出会いがあったんです。

同じ病室だった女性と入院中に仲良くなり、カーテンを閉めることなくずっと楽しくおしゃべりするようになりました。

私が朝晩のお肌のお手入れをするのを見て、「やっぱりお手入れするのとしないのとでは違うの？」と興味を持ったようなので、「つけてみる？」と、一式使わせてあげたところ、気に入ってくれて買ってくれるようになったのです。

いつ、どこで出会いがあるかわからないものですね。ありがたいことです。

いつどこでもお客さんとの出会い

お客様とのそんな偶然の出会いが、他にもあります。

101歳を超えた今も元気いっぱいの私でも、10年前のように出歩くことは少なくなっていきます。ところが、**面白いことにバスに乗っての出会いからお客様になってくれた人もいます。**

私が住んでいるところは、福島市内とはいえ、かなりの郊外でバスの本数がとても少なく、それだけに乗る便がだいたい決まってしまいます。

だから、同じ人と同じバスに乗り合わせることが多いんですね。

そうしたところ、「おはようございます」と挨拶から始まって、なんとなく顔見知りになって雑談するようになり、「おうちはどこ？」なんて話をするようになりました。

その人が「〇〇だよ」と言うと、「うちの近くじゃない！」という展開になり、相手の人がうちに遊びに来るようになったんです。

お茶を飲みながらいろんな話をしているうちに、私がポーラのセールスをしていることが相手にわかり、「私も昔、使ってたのよ。そういえばしばらく使ってないから、また頼んでみようかな」と言ってくれたんです。

こんな偶然の出会いからお客様になってくれたのですが、今でもお付き合いがあり、しょっちゅういろんな商品を注文してくれます。

バスには多くの出会いをもらう

あるときは、通っていた整形外科の前のバス停から一緒に乗ってきた人と仲よくなったこともありました。「どこか悪いの？」から始まって、ふとその人の手を見ると、少し指先が荒れていたのです。
ちょうどハンドクリームを持ち合わせていたので、「つけてみる？」と貸してあげたところ、気に入ってくれたんです。
「持って行っていいよ」と、それをあげてしまいました。

次に会ったときに「あのハンドクリームすごくよかったけど、どこで買えるの？」という話になり、これがきっかけで私のお得意様になってくれて、今でもいろいろ買ってくれています。

こう考えてみると、普段から心を開いて、打算抜きでいろんな人と話をすることは大切なんだと思いますね。

まさか相手は、年寄りの私がセールスレディとは思わないでしょうけれど、そういった営業抜きでも、雑談しているだけでボケ防止にもなりますし、バスには本当に出会いをもらっていますね。
私にとっては、〝バスさまさま〟なんです。

36

話し相手になる

話し上手は聞き上手
相手の話はとことん聞く

これまで61年間、お客様とは本当に親しくお付き合いをしてきました。

私の現在のお客様は高齢の人ばかり。昔はよくお客様の自宅に商品をお届けしたものですが、最近は営業所から送ってもらうことが多くなってきました。

特に新型コロナが蔓延したときは、さすがに顔を合わせてお話しする機会が、ガクッと減りました。

その代わりというわけではありませんが、お電話はよくかかってきます。**私と同じように旦那様が亡くなって1人暮らしの人や、お子さんたちと暮らしていても話題が合わないなどで、話し相手を求めている人が多いんです。**

長いお付き合いで、お互いのこれまでをよく知っており、化粧品を介しての関係でもある私には電話しやすいらしく、いろんなお客様からよく電話がかかってきます。

相手が気のすむまで電話でおしゃべり

私は今、以前に比べて家の中で過ごすことが多くなっていますが、じっとしているのが性に合わないので、家の中でも何かしら用事をしています。1人暮らしということもあり、時間的な余裕はたっぷりありますからね。

だからお客様から電話があると、ほとんどの場合、何時間でもお相手の気がすむまでお話をするんです。

お客様は私の事情を知らないので、うちに来客があるときでも電話してきますが、私が根気よく相手をするので、驚かれることが多いです。

総じて人は、自分が話したい生き物だと聞きました。他人の話を聞くよりは、自分の話を聞いて欲しいという気持ちのほうが強いともいわれます。

私自身は話すのも聞くのも「お互い様かな」という気持ちです。人は自分のことになると無自覚なもの。ときには自分も話を聞いてもらいたい気持ちがまさり、相手の話が耳に入って来ないこともあると思うのです。

だから、たとえ相手の話が長くなっても、「自分もそういうときがあるからね」と思い、聞くようにしています。

心がけているのは否定したり批判したりしないこと。「正しい」とか「間違っている」とか、一概には言えませんよね。その人の置かれている状況などで、変わってくると思うのです。

それに他人は自分とは違う経験をしているので、話を聞くのが単純に面白いというのもあります。とはいえ、あまりに長話になると、逆にうちに来てくださっているお客様に失礼にあたるので、いつもよりは短く切り上げるようにはしていますが……。

37

過剰な親切は禁物

人間関係は近すぎず遠すぎずがいちばんいい

電話といえば、昔、私に何くれとなくツンケンしてきた同僚が、ある時期からよく電話をしてくるようになりました。

こう言っては失礼ですが、キツい性格の人だったので、あまりお付き合いしてくれる人がいなかったようなのです。
電話で話した感じから、どうも認知症になっているらしく、そのため私を毛嫌いしていたことを忘れていたのかもしれません。

いつものごとく、相手が満足するまで、うんうんと話を聞くようにしていました。あるとき、その人が入院していると聞いたので、お見舞いに行ったところ、娘さんから「母がいつもお電話していたようですみませんでした」と言われました。するとその人が「私、電話したことなんか一度もないから！」と言うのです。このときばかりは、「あんなに電話してきて同じ話をしていたのに……」とガクッときました。

そんなふうに来るもの拒まずで受け入れるので、よく他の人から「そんなに誰にでも愛想をよくしているのに、付け込まれないのが不思議だね」とも言われます。
ある人から**「堀野さんは誰でも受け入れるけれども、きちんと線引きをしているんだよね。だからとても親切だけど、相手が『この人なら付け込んでもいいかな』と思ってしまうようにはならない。天性の付き合い上手だね」**と言われ、「なるほど、そうなんだ」と思いました。

近すぎるとお互い傷ついてしまう

自分自身が人にもたれかかろうと思わないので、相手にももたれかかられることがないのかもしれません。

長く仕事を続けてこられた理由の1つには、「人との距離が、近すぎず遠すぎずだったから」があるのかなとも思います。

人と人との距離は、よく「ハリネズミ」にたとえられますよね。近すぎるとお互いを傷つけあう、という意味です。

その通りだなぁと思います。親しいからといって、あまりに相手のプライバシーに踏み込みすぎるのは、結局のところお互いにとってよくありません。

かといって、せっかく人と人が関わり合うのだから、水くさいままなのもつまらないものです。

過剰に相手のことを知ろうとせず、今、自分が相手に差し出せるものを惜しみなく差し出す……そんなふうにしていたら、おのずと人間関係はうまくいくのではないでしょうか。

38

最新機器を使いこなす

101歳でスマホを使いこなす好奇心がいろんなところに活きてくる

今でも月1回の営業所の会合には必ず出席し、新商品についての勉強会で知識を身につけるようにしています。

自分自身がちゃんと理解できていないと、お客様にしっかり説明ができず、説得力もなくなってしまいますからね。仕事を続ける以上、そんなことがないようにしなくてはなりません。

新しいことを覚えるのが好きなのは、子どものころと変わりません。

授業中に先生の話に耳を傾け、黒板と教科書を交互に見ながら、新しいことを知ることにワクワク胸を躍らせていたころの自分と、101歳を超えた自分が、ぜんぜん変わっていないことに、われながら笑ってしまいます。

この好奇心があったからこそ、101歳になるまで仕事を続けてこられたのかもしれませんね。

最近、驚かれるのが、私がスマホを使っていることです。特に若い人に驚かれます。

高齢者は、他人がどんな携帯電話を使っているかなんて、ほとんど興味を持っていないでしょう。ところが、取材に来てくれる若い記者さんたちには、十中八九言われますよ。

「それ、スマホですよね？　使いこなしているってすごいですね！」って。

新鮮な好奇心を失わない

高齢者にスマホは使いづらいといわれているそうですが、私はそんなに苦労しませんでした。

わりとすぐに覚えて使えるようになったんです。

「私にはこんなのは無理」と思う気持ちよりも、新しいものに触れて使ってみたいという気持ちのほうが上回っているからかもしれません。

昔の人の知恵にも素晴らしいものはありますが、新しい技術や機械にも、人の生活を進化させてくれる素晴らしいものがあります。

私は電話が普及し始めたころに電話交換手になり、子育て中に当時「三種の神器」と呼ばれたテレビ・洗濯機・電気冷蔵庫が登場して恩恵を受け、テレビ放送が始まって大好きな時代劇をたっぷり楽しませてもらいました。

化粧品も時代とともに進化して、お客様がどんどんきれいになる姿も見てきました。

若々しさは気分次第

新しいものでいいものはいっぱいあるのに、それを「年だからついていけない」「新しいものはわからない」と、避けてしまうのは本当にもったいないことだと思います。

高齢者だからこそ、新しいものに積極的に触れるほうがいいと思うんです。

そうすることで、好奇心を失わずにいられるし、若々しい気持ちでいられるのではないでしょうか。これもボケ防止になりますしね。

体が年々衰えていくのは仕方のないことです。機械だって古くなれば、故障もします。

でも、気持ちは別。自分次第で若々しくいようと思えば、そういられます。

新しいものを毛嫌いしたり、自分にはわからないからと敬遠したりせず、まずはそれについて知ろうとしてみたり、機会を設けて触ってみたり、自分でも使ってみたりすることだと思うのです。

いちばんつまらないのは、「自分にはできない」と決めつけてしまうことだと私は思います。「自分にもできる」と思ってやってしまえば、本当にできてしまうことって意外と多いですからね。

第5章

何をするにも健康が最優先

39

日々の積み重ね

幸せに年齢を重ねるための健康長寿5つの秘訣

私は2024年4月9日に101歳になりました。年齢を知ると驚かれますが、それ以上に「この年まで、病気らしい病気をしたことがありません」「今まで一度も介護保険を使ったことがないんです」と言うと、みなさん目を丸くして「すごいですね、そんな方がいるとは思いませんでした！」なんておっしゃいます。

血圧も血液検査も基準値の範囲内です。

さすがに若いころに比べて足腰が弱ってきた自覚はあり、床に座った状態から立ち上がるのも大変になってきたので、ケガをしないように気をつけています。

でもこの年齢になっても、介護の手も借りず、食事の支度もお風呂も自分1人でできていますし、特に困っていることもありません。

こんなに丈夫な体に産んでくれて、母にはとても感謝しています。

健康と幸福感の5条件とは？

いろんな方から「長生きの秘訣はなんですか？」と聞かれるのですが、何か1つに絞り込むことは、

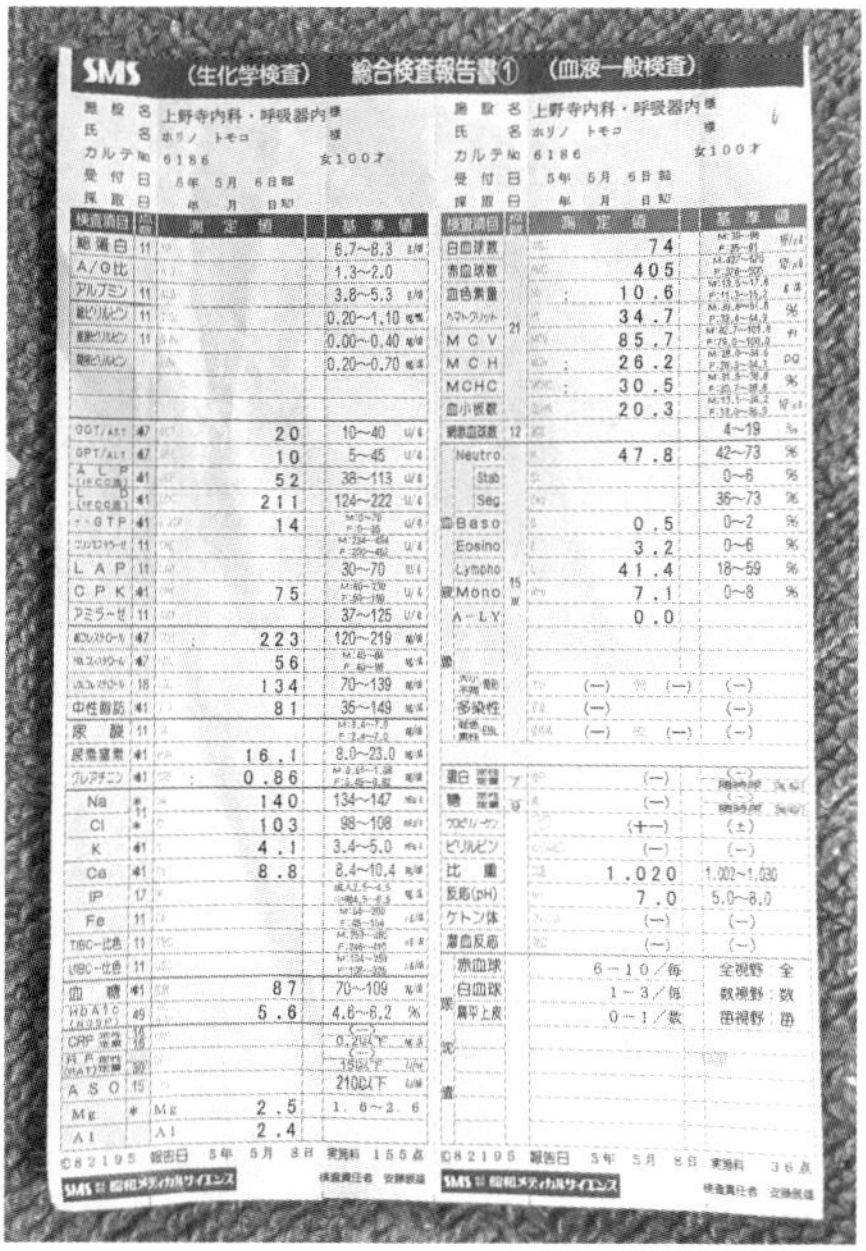

SMS （生化学検査） 綜合検査報告書① （血液一般検査）

施設名 上野寺内科・呼吸器内 様
氏名 ホリノ トモコ 様
カルテNo 6186 女100才
受付日 5年 5月 6日
採取日 年 月 日

検査項目	測定値	基準値
総蛋白		6.7~8.3
A/G比		1.3~2.0
アルブミン		3.8~5.3
総ビリルビン		0.20~1.10
直接ビリルビン		0.00~0.40
間接ビリルビン		0.20~0.70
GOT/AST	20	10~40
GPT/ALT	10	5~45
ALP (IFCC法)	52	38~113
LD (IFCC法)	211	124~222
γ-GTP	14	[illegible]
コリンエステラーゼ		[illegible]
LAP		30~70
CPK	75	[illegible]
アミラーゼ		37~125
総コレステロール	223	120~219
HDLコレステロール	56	[illegible]
LDLコレステロール	134	70~139
中性脂肪	81	35~149
尿酸		[illegible]
尿素窒素	16.1	8.0~23.0
クレアチニン	0.86	[illegible]
Na	140	134~147
Cl	103	98~108
K	4.1	3.4~5.0
Ca	8.8	8.4~10.4
IP		[illegible]
Fe		[illegible]
TIBC-比色		[illegible]
UIBC-比色		[illegible]
血糖	87	70~109
HbA1c (NGSP)	5.6	4.6~6.2
CRP		[illegible]
ASO		210以下
Mg	2.5	1.6~2.6
Al	2.4	

ID82195 報告日 5年 5月 8日 実施料 155点
SMS 昭和メディカルサイエンス

検査項目	測定値	基準値
白血球数	74	[illegible]
赤血球数	405	[illegible]
血色素量	10.6	[illegible]
ヘマトクリット	34.7	[illegible]
MCV	85.7	[illegible]
MCH	26.2	[illegible]
MCHC	30.5	[illegible]
血小板数	20.3	[illegible]
網赤血球数		4~19
Neutro	47.8	42~73
Stab		0~6
Seg		36~73
Baso	0.5	0~2
Eosino	3.2	0~6
Lympho	41.4	18~59
Mono	7.1	0~8
A-LY	0.0	
大小不同	(−) (−)	(−)
多染性	(−)	(−)
低色素性	(−) (−)	(−)
蛋白	(−)	(−)
糖	(−)	(−)
ウロビリノーゲン	(+−)	(±)
ビリルビン	(−)	(−)
比重	1.020	1.002~1.030
反応(pH)	7.0	5.0~8.0
ケトン体	(−)	(−)
潜血反応	(−)	(−)
赤血球	6−10／毎	全視野：全
白血球	1−3／毎	数視野：数
扁平上皮	0−1／数	毎視野：毎

ID82195 報告日 5年 5月 8日 実施料 36点
SMS 昭和メディカルサイエンス

多くの数値が基準値内の血液検査の結果

なかなかできません。

私が思うに、次の5つがあるから、今の自分に幸福感を感じられ、それが心身の健康につながって元気でいられるような気がします。

❶仕事を通じて自分が必要な存在だと感じられる
❷人との交流を絶やさない
❸規則正しい生活をする
❹日々の楽しみを持つ
❺暗いことを考えない

では、それぞれを順番にお話ししていきましょう。

40

トモコさんの秘訣

1

仕事を通じて自分が必要な存在だと感じられる

ここまでお話ししてきたように、私は今の仕事が大好きです。

61年前に初めてこの仕事に就いたときは、本当にうれしかったのですが、まさかこんなに長く続けるとは思ってもいませんでした。

勤続40年のときも勤続60年のときも表彰されましたが、「この賞は堀野さんのためにあるみたいな賞ですね」と言われ、晴れがましいような、こそばゆいような思いがしました。

私が仕事を続けてこられたのは、私から化粧品を買ってくださるお客様がいたからこそです。

かつては私のようなセールスレディから直接買うしかなかったポーラの化粧品ですが、最近ではデパートでも扱うようになり、さらにはインターネットでも買えるようになっています。私のお客様は高齢者が多いので、ネット通販は使わないでしょうけれども、他の販売員から買うことはできるわけです。

それなのにあえて私を選び、ずっと私から買い続けてくださっているのですから、感謝以外の何ものでもありません。

化粧品の注文を受けるたびに心からありがたく思いますし、ああ、私もまだ必要とされているんだな、と感じます。

たとえお客様がたった1人になったとしても、そのたった1人のために自分にできることをしたい！　そんな気持ちはずっと持ち続けています。

41

トモコさんの秘訣 2

人との交流を絶やさない

1つ目の「仕事を通じて自分が必要な存在だと感じられる」とも関連しますが、仕事を通じていろんな人と出会うことができ、今でもその何人かと交流を持てていることが、張り合いになっているのではないかと思います。

それこそバスで顔見知りになった人とも友達になるくらいなので、人付き合いは好きですし、人間関係がもたらしてくれるものは、とても大きいと思うのです。

自分にはできなかった体験について教えてくれたり、自分では思いつかないことに気づかせてくれたり……**人と交わること自体が、人生を豊かにしてくれると思うのです。**

たまには相手の人の愚痴を聞いたり、私もあまり他の人には打ち明けられないようなことを聞いてもらったりしたこともあります。

人と人は支え合って生きているのですから、日々のご縁を大切にしたいと思うのです。

感謝され、感謝する

支え合うといえば、私の13歳下の妹が関東に住んでいるのですが、しょっちゅういろんなものを送ってくれます。

高齢になった私が負担なく栄養をとれるよう、温めるだけで食べられるレトルト食品やお菓子などが多いですが、本当に頻繁に送ってくれるので「こんなにしてくれなくていいんだよ」と言ったことがありました。

すると妹は、**「だって私は9歳でお母さんを亡くして、その後、ねえちゃんに育てられたんだよ。ねえちゃんは私のお母さんも同然だから、これくらいして当然でしょ」**と言ってくれたのです。そんなふうに言ってもらえたことが心からうれしく、「あぁ、妹と私はお互いに支え合ってきたんだな」という思いを新たにしました。

子どもたちにも支えられていると感じることがよくあります。超高齢になった私を気遣って、孫たちを連れてよく訪ねてくれるんです。

会ったからといって、たいした話をするわけではありません。若い人には、他にやりたいことがたくさんあるはずなのに、わざわざ私のために時間を割いて来てくれることを、心からうれしく思います。

私は「子どもが年老いた親を訪ねるのは当然」とは思っていません。ありがたいことだといつも感謝しています。気恥ずかしいので、口には出しませんけどね。

高齢になると、若いころと違って、出歩いていろんな人と知り合うことはできなくなります。それと反比例するように、人と人との絆が貴重なものになっていくように感じます。

感謝の気持ちを忘れなければ、いくつになっても大切な人とのご縁は続いていくものなのではないでしょうか。

42

トモコさんの秘訣 3

規則正しい生活をする

生活のペースは、この何十年も変わっていません。

まず朝ですが、決まって6時半に起きます。福島の冬は寒いので、正直なところ「もっと寝ていたい」と思うこともないではありません。

でも、ずっと同じペースで生活してきているので、一度寝坊をしてしまうと夜眠れなくなるんじゃないかと思ってしまうんです。

そこで心を鬼にして、バッと勢いよく起きることにしています。


起きたらまず手を洗います。なぜ顔でなく手かというと、いつのころからか夜中に2回ほどお手洗いに立つようになったからです。

そのたびに冷たい水で手を洗ってしまったら、眠れなくなるのでは？と思い、夜間に手を洗うのを控えるようにしているんです。

だから、起きて真っ先にするのが、手を洗うこと。

その流れで歯を磨き、うがいをします。


夜寝ているとき、自分がどんな呼吸の仕方をしているか、わかりませんよね？　余計なものを吸い込んでいるかもしれないし、口の中で雑菌が繁殖しているなんてこともいわれますし。

それを全部出すつもりで、歯磨きとうがいをします。

それから洗顔をして、入念にお肌のお手入れをします。

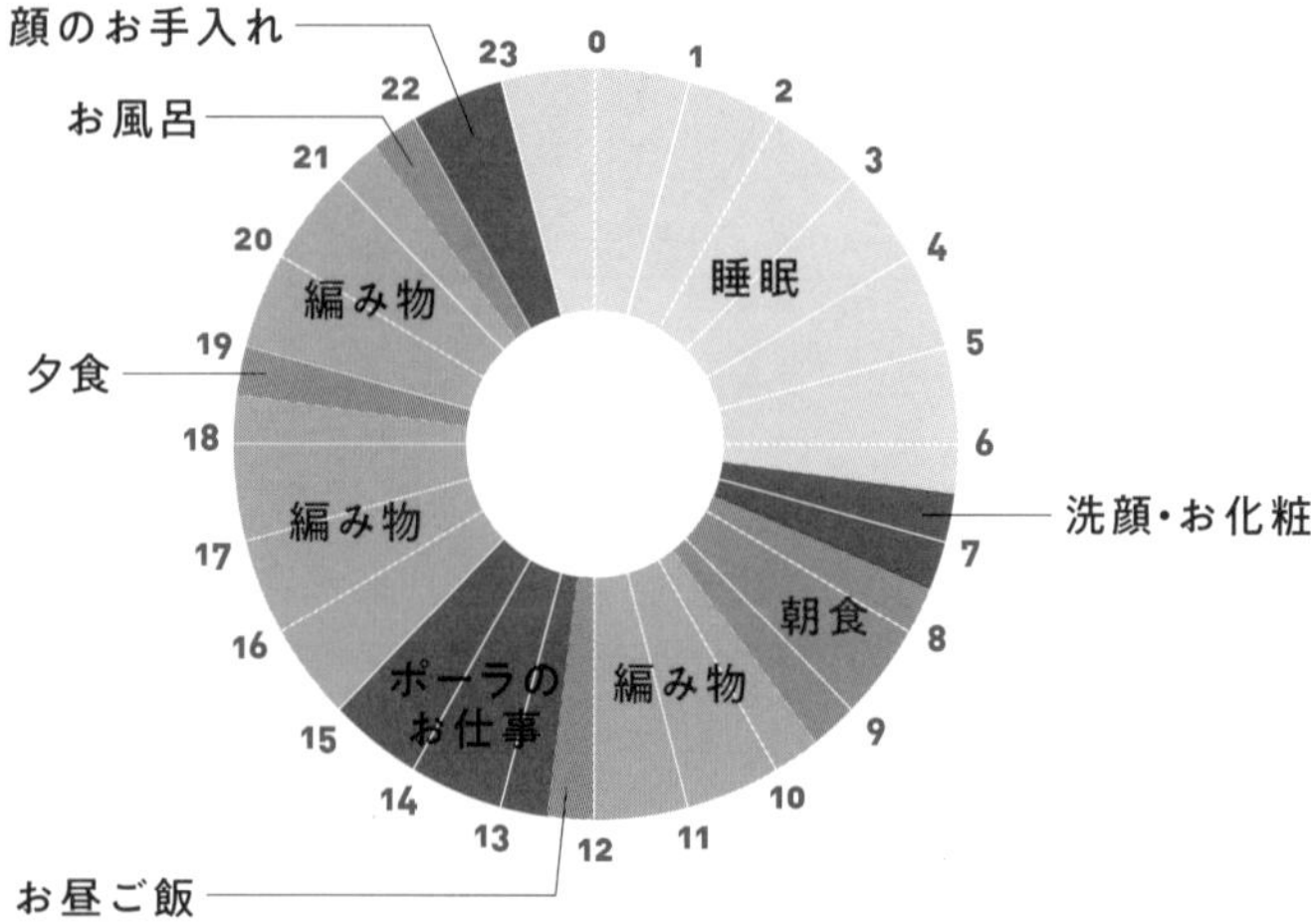

トモコさんの規則正しい日課（外出しない日）

お化粧は毎日欠かさない

上記が私の「外出しない日」の日課です。「洗顔・お化粧」が朝6時半から7時半、「顔の手入れ」が夜22時から23時になっているでしょう？　現役でポーラのセールスレディをやっている身なので、お肌のお手入れは朝晩1時間かけてしっかりと丁寧にやるようにしているんです。

朝は必ずお化粧します。人に会う予定のある日かどうかは関係ありません。

お客様がお見えにならないとも限りませんからね。ファンデーションをつけておしろいをはたき、口紅もつけます。これらを、骨折をして入院していた期間を除いて365日、欠かしたことがありません。

43

トモコさんの食事

3度の食事の時間は決まっていて ご飯の量も決まって 150グラム

洗顔・お化粧をすませたら、朝ご飯にします。

たいていは、前の晩に用意したものの残りを食べます。

家族が多かったので、1人暮らしになってからも、煮物なんかをけっこうな量でつくってしまうんです。
だから、前の晩につくったものを、次の日の朝と昼にも食べることになります。

食事は朝が8時半前後、昼が12時、夜は6時半にとるようにしています。

3回連続で同じおかずになることも多いですが、気になりません。戦中・戦後の食べ物のない時代を知っているので、食べられるだけありがたいと思ってしまいます。前の晩の残りがないときは、妹が送ってくれるたらこやゴマをまぶしたコイワシなんかを食べます。たらこは冷凍で送られてきたものを解凍して、冷蔵庫に常備しています。コイワシは密閉したポリ袋に入っているのを、そのままお湯で温めて食べます。

おかずが和風なので、それに合わせて主食は白米にしています。もともとパンはさほど好みません。

食べる量も決まっていて150グラム。もう量らなくても、茶わんによそった感じでわかります。

みそ汁は欠かしません。娘がよく小松菜を送ってくれるので、小松菜のみそ汁が多いですね。それとダイコンやネギ、豆腐もよく入れます。

妹や娘たちが送ってくれたインスタントみそ汁ですませることもあります。

食事の合間に「青汁」と「牛乳」

漬物は、たくあんがいちばん好きです。ご飯のときは、必ずたくあんを添えます。

こんな感じなので、朝と昼の食事のしたくは、5分くらいですんでしまいます。夕食のおかずをつくるときは、もう少し時間がかかりますが、手の込んだものをつくるわけではないので負担には感じません。


食事と食事の合間には、なるべく青汁と牛乳を飲むようにしています。そこに「体にいいかな？」と思ってポーラの「キレイの酵素」というのを入れています。


朝食が終わったら昼食までの間、編み物をするんです。

編み物は私にとって大きな楽しみ。なので4つ目の秘訣「日々の楽しみを持つ」で詳しくお話しすることとさせてください。

お昼ご飯が終わったら仕事の時間になります。

この時間にたいていお客様から電話があったり、私のほうからお電話したりするので、これが「お仕事タイム」になるというわけです。

お客様からの注文をノートに書き留めたり、お客様に送って欲しい商品の連絡を営業所にしたりということも、この時間内にすませるようにしています。

若いころから、その日にやるべきことを、時系列に沿って組み立てるようにしてきました。何時に○○をやって、その次に△△をする、その次は□□……という具合に、頭の中で段取りを考えて実行するんです。

予定通りできたら、頭の中にやる「やることリスト」に○印をつけて、「さあ、次行こう！」みたいな感じです。

今は家で過ごすことが多いので、他の人から見たら、「何時にやったっていいじゃない」と思うくらいのことなのかもしれません。でも、私にはスケジュールを決めて、その通りにやっていくことが大事なんです。

そうすることで張り合いが生まれ、「やるべきこと」を終えるたびに達成感を味わうことができるからです。

毎日を気持ちよく過ごすためにも、スケジュール管理は欠かせません。

44

トモコさんの入浴

入浴時間は18分
夜9時前には
お風呂に入らない

お風呂は、夜9時過ぎに入るようにしています。

というのも、この時間までは、お客様から注文の電話が入る可能性があるからです。

私は年齢の割には宵《よい》っ張りなので、入浴時間が早くなくても苦になりません。

夜9時15分に自動湯張りをセットして、お湯がたまるようにしています。
お風呂に入っている時間はだいたい18分。あまり長湯はしません。

実は、この入浴時に私なりの「決まりごと」を行うようにしています。

現在の私の家のお風呂は、息子が費用を出してリフォームしてくれたもので、浴槽内に腰かけるところがあります。なので、そこに腰かけて、ちょっとした体操をするんです。

足首と肩回りをほぐすお手軽体操

まず、足首の曲げ伸ばしを30回します。

年を取って足首がかたくなると、ちょっとした段差にも突っかかりやすくなると聞いて、始めることにしました。

少しでも意識的に動かしていると、かたくなりにくいのではないかと思ったのです。

次に肩まわりをほぐします。

腕を伸ばして頭の上に上げ、なるべく耳の横まで持っていきます。

その場所で耳から離したり近づけたりを30回行います。

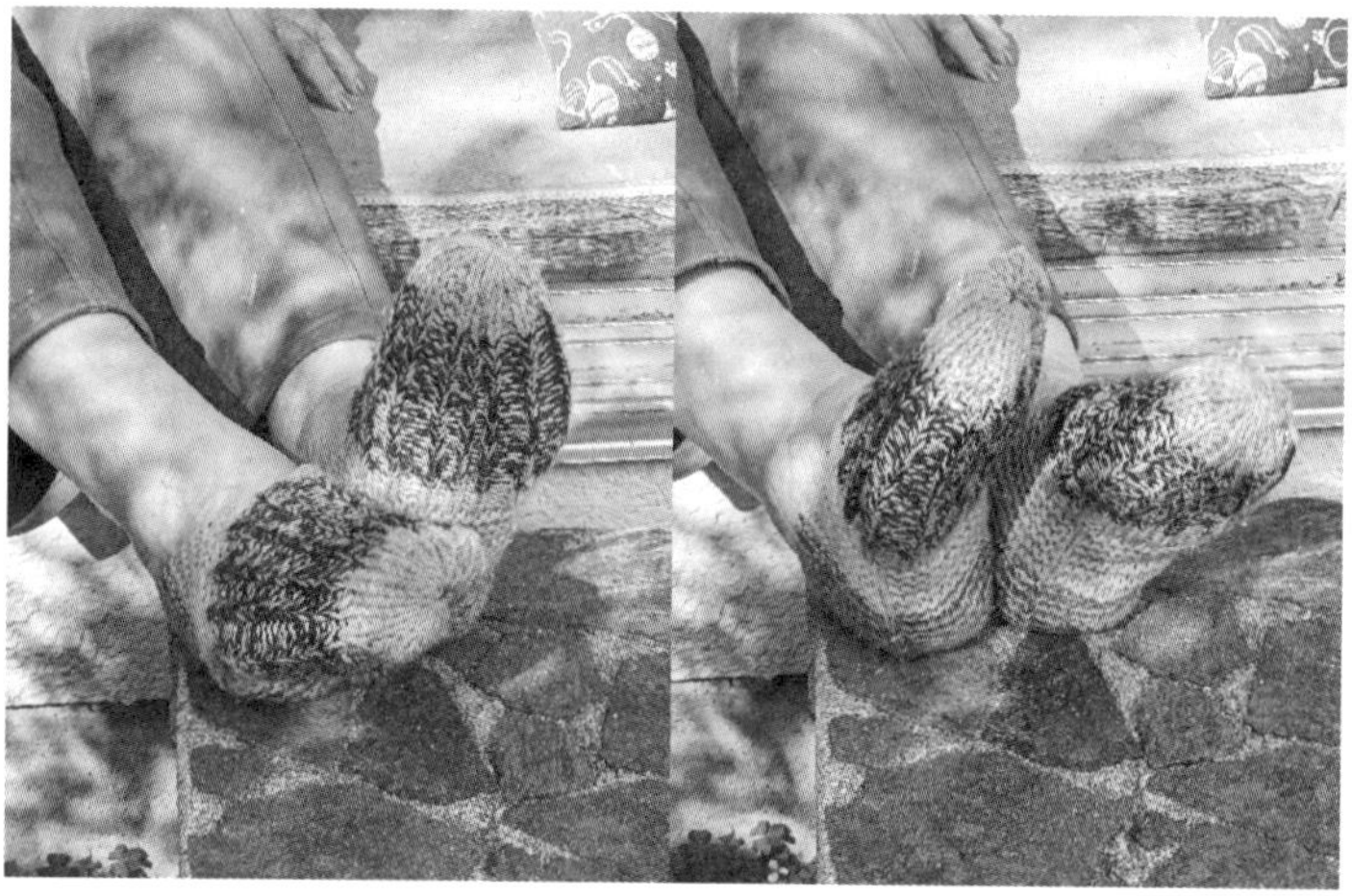

足首の曲げ伸ばしを30回繰り返して、足首をほぐす

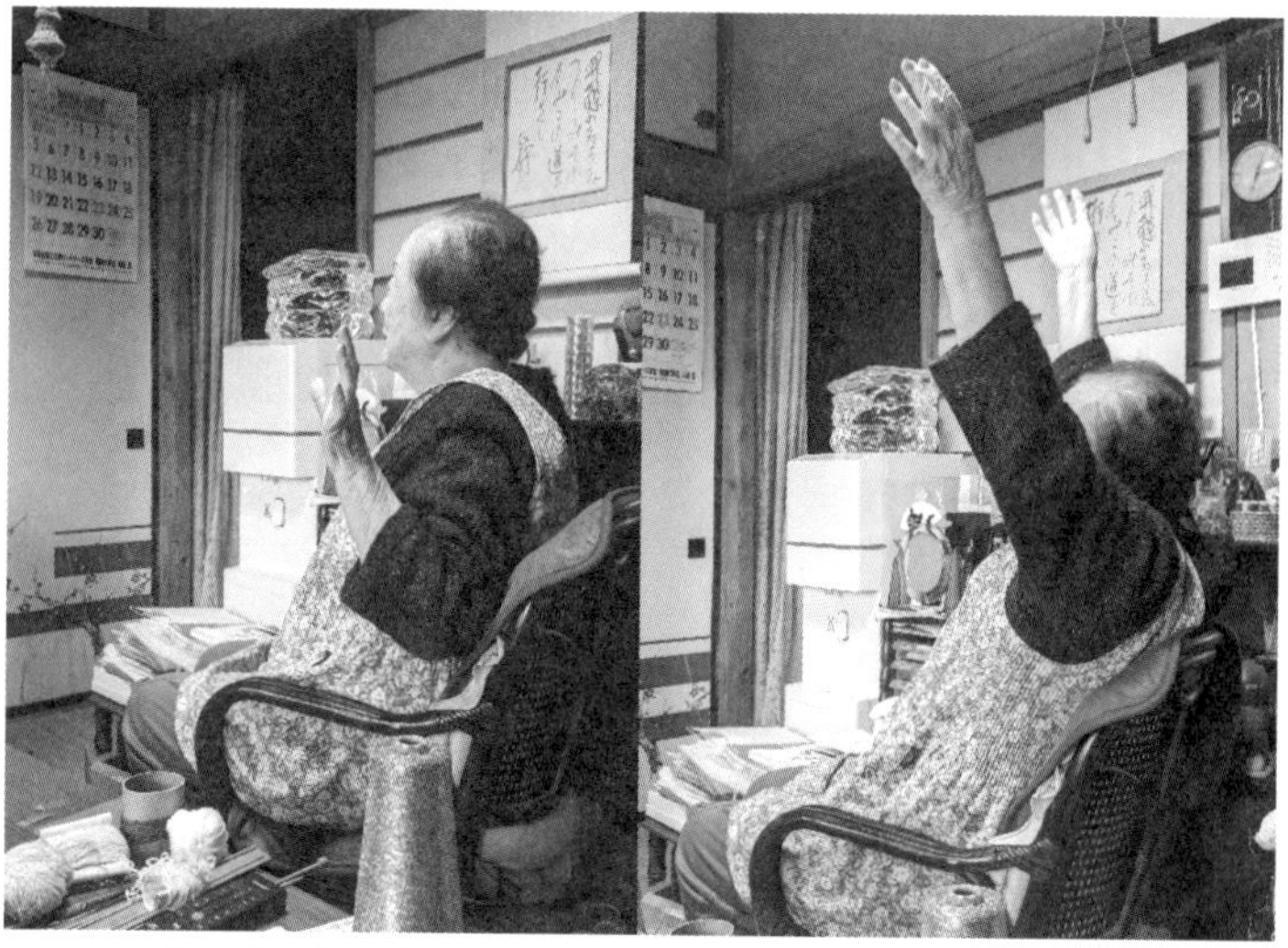

腕を伸ばして頭の上に上げて、肩まわりを30回ほぐす

45

トモコさんの情報収集

『報道ステーション』を見ながらお肌のお手入れ

お風呂から上がったら、お肌のお手入れをしながらテレビ朝日系の報道番組『報道ステーション』を見ます。**世の中の動きを知っておきたいからです。お客様と話をするときに、今、何が起こっているか全然わからないようでは困りますからね。**

2023年3月にワールド・ベースボール・クラシック（WBC）で日本が優勝したときは感動しました。「大谷翔平もヌートバーも知ってるよ」と言うと驚かれたものです。

ウクライナやパレスチナの問題についても、私なりに理解しています。

政治的な発言をするつもりはないので、積極的には何も言いませんが、戦争の悲惨さを知っている身としては、早く解決して平和な世の中になって欲しいと思わざるを得ません。

テレビを見ながらお肌のお手入れ

夜のお肌のお手入れには、朝よりも高級なラインのものを使っています。

まず化粧水をたっぷりつけてお肌に水分を与え、美容液をパール1粒分つけます。これでお肌がしっとり。さらにシワのところにだけつける特別な美容液もプラスします。

次に乳液です。乳液はこれまでつけたものをお肌にしみこませる働きをするので、手でやさしく押さえながら、ゆっくりやさしく伸ばしていきます。

最後に、これらすべての成分をお肌に閉じ込めるため、クリームをつけていき、『報道ステーション』が終わるころには、お肌のお手入れも終わり、寝るばかりとなります。

46

トモコさんの睡眠

睡眠時は鼻と口にガーゼをあてる

昔、主人の闘病などで心配事があったときはなかなか寝つけないこともありましたが、今はそんなこともありません。

布団に入ったら、いつも自然に眠りに入ってしまいます。

寝るときには、冷たい空気を吸い込まないように、鼻と口の部分にガーゼを4つにたたんだものをあてて寝るようにしています。

もともと風邪をひくことは少ないほうですが、ガーゼを使い始めてからは、まったくといっていいほど風邪をひかなくなりました。

のどを守っているのが、いいのではないかと自分では思っています。のどは体内にあっても外部の空気に触れやすいので、ウイルスや雑菌の影響を受けやすいそうですね。ガーゼには、それらを防ぐ効果があるのでしょう。マスクほど息苦しくないので気に入っています。

用を足しに起きるのは夜2回

加齢には逆らえず、いつのころからか夜中にトイレに起きるようになってしまいました。だいたい時刻は決まっていて、午前2時と午前5時の2回です。トイレに起きても、すぐにまた眠れるのが救いです。

6時半ごろに自然に目覚めると、また私の1日が始まります。

47

トモコさんの秘訣 4

日々の楽しみを持つ

その日1日を自分なりに楽しく暮らせたら、誰でも幸せになれると思います。
だって、人の人生は1日1日の積み重ねですから。
幸せって、実はそんなにたいそうなものじゃなくて、小さなものでかまわないんじゃないかと昔から思ってきました。

そんなふうに思えるのは、昔から好きでたまらないものがあったからかもしれません。**それは「編み物」と「時代劇を見ること」の2つです。**

編み物に限らず、手仕事は子どものころから好きでした。和裁は仕事にしていたこともありますし、洋裁もやりました。

中でも編み物は、場所を取らずにどこでもできる手軽さがあります。また、一度編んだものをほどいて編み直すこともできます。

気がついたときには〝大の編み物好き〟になり、自分が身に着けるニット類は全部お手製になっていました。

伝線したストッキングでバッグづくり

次々と編むので「作品」がどんどんたまっていきます。体は1つなので、あまりにたくさんのニット類があっても困ってしまいますよね。

お客様に「堀野さんが着てるそのセーター、いいね」と褒められると、次に会うときまでに洗濯して、もらってもらうということもずいぶんありました。

私の場合、編むこと自体が好きなので、できあがったものにはあまり執着がないんです。むしろ、「こんなに増えちゃってどうしよう」と思ってしまうタイプです。

だから、欲しそうなそぶりをする人がいたら、さっさとあげてしまいます。

「こんな貴重なもの、本当にもらっていいの？」と驚かれることが多かったですが、「いいの、いいの。もらってもらったほうが助かるんだから」と言って、受け取ってもらっていました。


とにかく何かを編んでいたくてたまらないので、まだあまりもののない時代には、伝線したストッキングを取っておき、細い帯状にして編むということもしました。

そうやってストッキングを編んでつくったセカンドバッグを主人が気に入って、亡くなるまで使ってくれたものです。

「そんな古ぼけたのをいつまでも使わなくてもいいじゃない。新しいのを買えば？」と言っても、「これがいい」と言って、手放そうとしなかったんです。

そのセカンドバッグは、まだ私の手元にあります。

48

トモコさんの趣味

毛糸のソックスカバーを編み 時代劇専門チャンネルを見る

２０２０年に１００年に一度の大規模な感染症といわれるコロナ禍に見舞われてからは、外出時間が減って編む時間が格段に増えました。

そのタイミングで始めたのが、毛糸でソックスカバーを編むことです。

細い糸を2本取りにして編むのですが、「靴下の上から履くと温かくてすごくいい」と言ってもらえたのがうれしくて、誰かにあげるあてもなくせっせと編み続けています。

何十足分もたまっているので、うちに来た人みんなに「好きなのを持って行って」と言ってもらってもらうようになりました。

「友達にもあげたいから、もうちょっともらっていい？」と言ってくれる人も増え、ありがたい限りです。

楽しみながら人様のお役に立てるのですから、こんないいものはありません。

お客さんにも喜ばれる手編みの毛糸ソックスカバー

大好物は男前の時代劇俳優

編み物が多少なりとも人様の役に立つのにひきかえ、もう1つの楽しみである「時代劇を見ること」は、完全に自己満足の世界です。

特に大好きな俳優・村上弘明さん主演の時代劇は、私の好物中の好物です。

ちなみに村上さん主演の時代劇『編笠十兵衛』の原作者で、『鬼平犯科帳』『剣客商売』『仕掛人・藤枝梅安』などの時代小説家として有名な池波正太郎さんは、もう30年以上前にお亡くなりになっていますが、私と同じ1923（大正12）年生まれです。

私の時代劇好きは、私の祖先がお侍さんの家系だったことが、拍車をかけているのかもしれません。

いつだったか、ご先祖様の家から古い日本刀が出てきたことがありました。

私は内心「これはけっこうな値段がつくのでは？」と思ったのですが、当時存命だった主人が「こういうものは個人が持っていてはいけない。警察に届け出ないと」とそのまま警察に持ち込んでしまったのです。

結論がスパッと出てスッキリ

そのまま持っていたら、銃刀法違反に問われるのでやむを得ません。届け出だけして売るなりなんなりする手もあったと思うのですが、堅物の主人は思いもつかないようでした。主人は甘えん坊の坊ちゃん育ちでしたが、曲がったこと、間違ったことが大嫌いな正義漢でもあったのです。

すごい重さの日本刀で、私が抜こうとしてもピクリともしなかったのに、警察の人が柄《つか》に手をかけるなり、スルリと抜いたのには驚かされました。

時代劇は、勧善懲悪がはっきりしています。

思った通りの筋書きがつまらないという人もいますが、私は思った通りになるから好きなんです。

結論がスパッと出てスッキリするじゃないですか。

ちなみに今、時代劇の人気が落ちていて地上波ではほとんど放映されていません。私はスカパー！の『時代劇専門チャンネル』と契約して、日々楽しんでいます。

49

トモコさんの秘訣 5

暗いことを考えない

もともと楽天的な性格なので、ものごとを悪いほうに考えることはほとんどありません。

もしかしたら、これがいちばんの健康の秘訣なのかな?という気がします。

「病は気から」ってよく言いますからね。

悲観的に考えようと思えば、いくらでもできるのが人間だと思います。

私の場合、主人をはじめ友達やお客様、ご近所さんなど、親しくお付き合いしていた人たちの多くが亡くなってしまいました。


1人残されて寂しくてたまらない、と考えるのか、1人の時間を思い切り楽しめるようになった、と考えるのか。私は断然、後者です。

だって、好きなだけ編み物ができるんですよ。

年を取るのは悲しいこと、と思う人もいますが、それだけではないでしょう。たしかに、できないことは増えてきます。


私も昔ほど、活発にセールスに出歩くことはできなくなりました。

でも、まだ「できること」もたくさんあります。

1人暮らしをしていることもそうですし、お客様とお話しして「堀野さんとお話しできて楽しかった」と言われることもそうです。

失ったものを数えるより、今手にしているものを数える。そんな生き方を、これからもしていきたいと思っています。

50

深く考えない

幸せは自分の思い方や感じ方次第　ささやかなホッとする瞬間を大切に

人生って、いろんな日がありますよね。

これまでの日々をあっけらかんと生きてきた私ですが、もちろんいつも大笑いしていたわけではありません。

悲しいことがあったとき、私はことさら「今日1日が穏やかに過ぎていくこと」だけを見つめるようにしてきました。

昨日や明日のことは、考えないようにしたんです。

今、とても大変な状況下で、「1日穏やかに過ごすなんて無理……」というのであれば、「この一瞬の穏やかさ」を意識するだけでもいいと思います。

どんなに過酷な状況にあるときでも、1日のうちでちょっと息をつける瞬間ってあるはずです。

何かにつけて「あぁ、よかったな」

たとえば、お腹がすいているとき、ご飯を食べればホッとしますよね。お茶を飲んでひと息ついたときや、温かいお風呂に入って体がゆるんだときも、そうでしょう？

ちょっと尾籠《びろう》な話ですが、我慢していたトイレに入れて用を足すことができたときなど、最高にホッとしませんか？

そんなささやかな「ホッとする瞬間」に気づけるだけで、人生は違ってくるような

気がします。

私自身は何かにつけて「あぁ、よかったな」と思うんです。ご飯をおいしく食べられてよかったな、湯船につかって気持ちよくてよかったな、今日も1日無事に過ごせてよかったな……そんな具合です。

私の場合、高齢なので「昨日と同じことができる」「普通のことを当たり前のようにできる」というのは、とても大事なことなのです。

「無事な1日」をコツコツ積み重ねる

でもこれ、どんな年代の人にも言えることなのかもしれません。今日と同じことが明日もできるなんて保証は、どこにもないのですから。

思えば、私は若いころから「ああ、今日も無事に過ぎてよかったな」と考えるタイプの人間でした。

母が45歳と若くして亡くなり、末の妹が不憫でたまらないと思ったことが影響しているのかもしれません。

何ごともなく過ぎていくのがいちばん、という感覚がこびりついているのでしょう。

まあ、いいじゃないの、仕事があって今日も1日無事に過ぎたんだから……と、その積み重ねでここまできました。

自分の幸せって、自分の思い方や感じ方で、いかようにもなるものだと思います。

おわりに

私は、とりあえず乗りかかった船には乗ってみる派なんです。

主人と成り行きで（私にとっては）結婚し、あまり好きでもない生命保険のセールスの仕事にも就きました。

どれもこれも、自分がどうしてもやりたくてやったことではありません。

でも、そのことについて後悔することはありませんでした。

他人にすすめられたことでも、成り行きでも、あまり好きでないことでも、人のせいにはせず、結局は自分自身が納得したうえで、やったからだと思います。

昨日のことも明日のことも考えず、今日が無事に過ぎればいいとだけ思い、自分に訪れた「何か」を受け入れて、納得したうえで従ってきました。

そんなふうに生きてきたら、いつの間にか１０１年がたったのです。

そんな私にも、1つだけ自分の意志でつかみとり、離さなかったものがあります。

それがポーラ化粧品のセールスレディの仕事です。

日本が戦後、奇跡的な経済復興を遂げる中で出合ったポーラの化粧品に、私はどれほど心を奪われたことでしょう。

それには、私が生まれ育った時代が関係しています。

私は「大正デモクラシー」と呼ばれる平和な時代の生まれですが、1931年・8歳のときにアジア・太平洋戦争の起点といわれる満州事変が起こり、日本が暗い時代に突入していきます。

1945年に終戦を迎えたとき、私は22歳でした。

戦後、食べ物にこと欠く暮らしが続いたのは、本書でお話しした通りです。

もう亡くなられましたが、茨木《いばらぎ》のり子さんという1926年生まれの私と同世代の詩人がいました。

「わたしが一番きれいだったとき」という有名な詩があります。

わたしが一番きれいだったとき
街々はがらがら崩れていって
とんでもないところから
青空なんかが見えたりした

わたしが一番きれいだったとき
まわりの人達がたくさん死んだ
工場で　海で　名もない島で
わたしはおしゃれのきっかけを落してしまった

わたしが一番きれいだったとき
だれもやさしい贈物を捧げてはくれなかった
男たちは挙手の礼しか知らなくて
きれいな眼差だけを残し皆発っていった

わたしが一番きれいだったとき
わたしの頭はからっぽで
わたしの心はかたくなで
手足ばかりが栗色に光った

わたしが一番きれいだったとき
わたしの国は戦争で負けた
そんな馬鹿なことってあるものか
ブラウスの腕をまくり卑屈な町をのし歩いた

わたしが一番きれいだったとき
ラジオからはジャズが溢れた
禁煙を破ったときのようにくらくらしながら
わたしは異国の甘い音楽をむさぼった

わたしが一番きれいだったとき

わたしはとてもふしあわせ
わたしはとてもとんちんかん
わたしはめっぽうさびしかった

だから決めた　できれば長生きすることに
年とってから凄く美しい絵を描いた
フランスのルオー爺さんのように
　　　ね

（東京書籍『新しい国語2』より引用）

一番きれいだった時代と戦争が重なった悲しみが切々と伝わってきて、世代を問わず心を打つ詩です。

特に同世代の私には刺さりました。

生きるか死ぬかの時代、その日の食べ物を確保することが最重要課題だった時代があったことを、今の人はなかなか想像できないことでしょう。

でもそんな時代が本当に存在したのです。おしゃれもお化粧もあったものではありませんでした。**茨木のり子さんの詩のように「わたしが一番きれいだったとき」、私の周りにきれいなものは何もありませんでした。**

だから、初めてポーラの化粧品を手にしたとき、強い衝撃を受けたんです。「なんてきれいな入れ物なんだろう！」「なんて品質がいいんだろう！」肌にスーッとなじみ、栄養がしみわたっていくようでした。日本でこんなきれいになるものがつくられ、買えるようになったということ自体が驚きでした。

戦争中の〝茶色い時代〟を知っている私には、まるで夢の世界のできごとのように感じられました。

女性が「きれいになりたい」と思えて、お肌のお手入れができる時代がやって来るなんて、B29爆撃機が無差別に焼夷弾《しょういだん》を投下する空襲に怯《おび》えたときに、どうして想像ができたでしょうか。

「なんていい時代になったんだろう」「こんな時代に生きられる自分は本当に幸せだ」と

心底思いました。
以来、私にとってポーラの化粧品は〝幸せの象徴〟となり、この幸せをできるだけたくさんの女性に届ける仕事をしてみたいと強く願うようになったのです。

のちにその夢が叶い、セールスレディとして、多くの女性に「きれいになる喜び」を伝える仕事に就けました。「これを私の一生の仕事にしよう」と心に決めたのには、そんなわけがあったのです。

どのお客様の笑顔も私の宝ですが、いちばん心に残っているのは、最初に私から商品を購入してくれた女性のことです。

私の同級生のいとこで、端正な顔立ちをしているのですが、お肌にそばかすがたくさんありました。そのことが、本人にとっては大きなコンプレックスになっていたようです。

ところが、私がおすすめした化粧品を使い始めたところ、どんどんそばかすが薄くなっていき、ついにはほとんど目立たなくなり、薄くお化粧すれば見えなくなったんです。

そのことをとても喜んでくれて、会うたびに「トモコさんのおかげでそばかすが消えた。本当にうれしい」と言ってくれました。

人にとっていちばんの喜びは「自分以外の誰かに喜ばれること」ではないでしょうか。

セールスレディを61年務めてきた私は、数えきれないほど多くの人の喜びの声を聞いてきました。

どれほどたくさんの喜びを私はいただいてきたことでしょう。ありがたさで胸がいっぱいになります。

みなさんの人生も、「自分以外の誰かに喜ばれること」とともに、たくさんの喜びが詰まった人生になりますように。

トモコさんのお悩み相談 10

Q1

キャリアの転換や再出発についてアドバイスをください。

A1

私自身は自分の職歴について、「キャリアの転換」とか「再出発」というふうにとらえたことがありません。

なのでアドバイスになるのかどうかわかりませんが、もしもあなたに以前からやってみたい仕事があって、それをやるチャンスが回ってきたのであれば、あまり深く考え込まずに飛び込んでみてはいかがでしょうか。

やらなかったことで後悔するよりも、とりあえずやってみることが大事だと思います。

やってみて「実は自分に向いていなかった」と思ったら、次に行けばいいのです。

そもそもやってみないことには、向き不向きもわからず、「あのときああしていれば……」とずっと悶々《もんもん》とすることになってしまいます。

再出発は、いくつになってもできると思います。年齢や立場を理由に「できない」と決めつけないことがいちばん重要です。

人生、いくらだってやり直しができるものですよ。一度きりの人生ですから、自分で自由に形づくっていきましょう。

Q2

職場でのストレスや人間関係の問題にどう向き合えばいいですか？

A2

質問者さんは、きっと繊細で心やさしい方なのでしょうね。だから、職場の空気や人間関係などが気になってしまうのでしょう。

そんな繊細でやさしいあなたにこんなことを言うのは酷《こく》なのは百も承知ですが、結論から言うと、いくらあなたが自分以外の人に対して「こうあって欲しい」と思っても、職場の空気がガラリと変わったり、あなたにツラく当たる人がやさしくしてくれるようになったりすることはないかもしれません。

人はなん人《びと》たりとも他人を変えることができないからです。

家族だってそうですよ。自分の配偶者や子どもだって、思い通りにはなってくれません。ましてや職場の人は他人ですからね。

自分以外の人は変えられない。だったら、どうすればいいと思いますか？

私は自分が変わる以外にないと思います。他人は変えられませんが、自分の考え方や感じ方を変えていくことはできるからです。

「ここは仕事をする場所」と思って割り切るのがいちばんです。職場の嫌な空気もあなたにツラく当たる人も、あなたの私生活にまでは入り込んできません。

ずっと嫌な気分を引きずるくらいなら、頭を空っぽにして、楽しめる何かを見つけるようにしましょうよ。

Q3 健康的な生活習慣を維持するためのコツはなんですか？

A3

私がこの年齢まで病気らしい病気をすることなく元気でいられたのは、規則正しい生活をしていることが大きいと思います。

起床は6時半、就寝時刻は11時、食事も決まった時間にとるようにしています。長年の習慣で体がそのリズムに慣れているので、それを崩さないように気をつけているんです。

精神面で健康でいられたのは、過去や未来を思い煩《わずら》うことがないからです。人間、暗い方向に考え出したらキリがありませんからね。

そもそも過去なんて変えられないし、未来のことなんて皆目見当がつきません。変えることも見当をつけることもできないものにとらわれているって、生きている時間がもったいないと思ってしまうのです。

「あぁ、なんて楽しい毎日だろう！」と思って月日を積み重ねてきたら、101年たっていましたよ。

Q4

リタイア後に充実した生活を送るための趣味や活動を教えてください。

A4

他人に聞くよりも、あなた自身に問いかけてみてください。

あなたがいちばん心引かれることはなんですか？　ずっとやってみたかった

けれど、チャンスがなくてできなかったことはありませんか?

リタイアして時間がたっぷりできたら、心引かれることを思う存分やってみてはいかがでしょうか。もしかしたら、思っていたほど心躍らないかもしれません。

そしたら、早々に見切りをつけて、次に行きましょう。

そんなあなたを見て、他人は「移り気だ」とか「もうやめたの?」などというかもしれません。でも、それは気にしないことです。

だってあなたの人生はあなただけのもので、どういう生き方をしようとあなたの自由じゃないですか。

ずっとやりたかったけれどできなかったことに挑戦するのも、リタイア後ならではの楽しみです。

ちょっぴり勇気がいるかもしれませんが、最初の一歩を踏み出してしまえばこっちのもの。思わぬ世界が広がっていくことでしょう。

Q5 年齢を重ねても恋愛やパートナーシップを楽しむ秘訣はありますか?

A5

なにぶん主人とは〝なりゆき婚〟で恋愛経験がないため、恋愛に関するアドバイスはできそうにありません。

ただ長期的なパートナーシップという観点で私の考えを言うならば、「相手に期待しすぎないこと」、これに尽きます。

恋人だから結婚相手だから「～してくれて当たり前」という考え方をやめると、何より自分がとても楽になります。

期待するのって苦しくないですか？　さらにその期待が裏切られると傷つきますよね？　本書でも述べましたが、私の場合、結婚した相手がたいそうな〝甘ちゃん〟でした。

そのことを最初からわかっていて結婚したので、お金を満足に家に入れてくれないとか、一方的に「営業所長をやめてくれ」と言うなど、今の言葉で言えば〝ドン引き〟するようなことをされましたが、ダメージは少なかったです。

相手に期待しすぎないと、ちょっとしたやさしい行動や言葉にも喜べるようになります。

これ、パートナーシップだけでなく、人間関係全般に言えることなのかもしれませんね。

Q6

子どもと一緒に過ごせる時間が少なく、かわいそうだなと感じることがあります。堀野さんはどうやって乗り越えましたか?

A6

今は世の中が複雑になって、私が子育てした時代とは違った難しさがあると思います。その違いがあるのを承知で、あえて私の考えを言わせていただくと、子どもは親が思っている以上に〝親の後ろ姿〟を見ているものです。

そして、それを鑑《かがみ》にして成長していくものだと思っています。

だから、**必要以上にかわいそうがらなくても大丈夫**ですよ。

私が子育てをしていた時代は、働いている女性の数が今よりもずっと少なく、それこそ「子どもがかわいそう」というようなことを言われることもありました。

でも、私には「自分は生活のために働いているし、これからも仕事を続けていく」という強い思いがあったので、その言葉に心が揺らぐことはありませんでした。

仕事が夜にかかり、夕食の支度が間に合わず、子どもがお腹をすかせるのだけが心配でしたね。そういうときは出前をしてくれるお店に電話をして、料理を届けてもらうようにしていました。

後から子どもたちから聞いた話ですが、普段私がつくるものよりも豪勢なものが届くので楽しみにしていたそうですよ。

Q7 家族や友人との関係がうまくいかないとき、どうすればいいですか？

A7

あなたにとって「親しい人との関係がうまくいかない」とは、どういうことを指すのでしょうか。

もしも「やさしくしてくれない」「感謝してくれない」なんていうことであれば、2つの原因が考えられます。

1つ目は、相手に期待しすぎていることです。人は自分の望むようには動いてくれないし、望むような言葉をかけてくれるとは限りません。

まずは、自分が期待しすぎていないかを考えてみましょう。

2つ目は、失言によって相手の気分を害していることです。

親しい家族や友人相手だと、気がゆるんで、つい「余計な一言」を言ってしまいやすいものです。

「親しき仲にも礼儀あり」という言葉もあります。家族なら、ざっくばらんに「何か悪いこと言った？」と尋ねてみてはどうでしょう？

友達相手だったら、私ならそのまま様子を見ると思います。そのうち相手が機嫌を直して、いつもどおり接するようになったらそれでよしとします。

ただし、「相手にヘンなこと言っていないかな？」と自分を振り返るのを忘れずに。

もしもずっとよそよそしいままであれば、その人とはそれまでと思っていいのではないでしょうか。

縁がある人とはつながっていられるけれども、縁のない人とはどこかで切れるものです。あなたに好意を持っていない人を深追いする必要はないと思います。

Q8 老若男女間でのコミュニケーションや理解を深める方法は？

A8 普段、接点のない人とのコミュニケーション、困ってしまう人が多いようですね。
老若男女関係なく、人はみんな自分の好きなものについて語りたい生き物です。

相手の好きそうなものから入っていくと、コミュニケーションがスムーズです。

私が高齢者だから言うわけではありませんが、お年寄りの相手は意外と苦になりません。

昔話が大好きなので、若いころの話をたくさん聞いてあげてください。

逆に自分よりうんと若い人相手の場合、そもそも相手がコミュニケーションを求めているかどうかがわかりません。

人と余計な関わりを持ちたくないという人も多いですから、そういう人はそっとしておきましょう。

多少なりともコミュニケーションがとれる相手であれば、私なら自分にはよくわからない「今、若い人の間ではやっていること」について尋ねるのを会話の糸口にすると思います。

ＩＴに詳しそうだったら面白いスマホの使い方とかね。趣味のことを聞くのもいいでしょう。

Q9

リタイア後の年金や貯蓄の管理についてアドバイスをお願いします。

A9

リタイア後の年金のことって、今はまだどうなるかわかりませんよね？　心配してもキリがないように思います。

それよりも「今」に目を向けるようにしましょう。今、毎月赤字を出さずに生活できていますか？　また毎月一定額の貯金はできていますか？

「将来のお金が不安」という人の中には、少なからず「現在のお金の管理」がしっかりできていない人がいます。

少々厳しい言い方になってしまいますが、現役時代にお金の管理ができない人は、リタイア後に収入減になったとき、経済的危機状況に陥る可能性が高いと思います。

まずは「今、このときから」自分のお金の管理状況を振り返ってみてください。

毎月赤字になったり、貯金が全然できなかったりするようであれば、1か月分のお金の出し入れをメモするようにしましょう。

ちゃんと貯金ができていて、それでも将来が不安というのであれば、月々とボーナス時の貯蓄に回す額を増やすことを検討するといいでしょう。

Q10

老後の生活費や医療費の不安を解消するためには何をすればいいですか？

A10

Q9とも関連しますが、将来のお金の心配は、しだすとキリがありません。いちばんいいのは、「生涯現役で働く覚悟を持つこと」です。

我田引水になってしまいますが、私もそのつもりで働いてきました。ずっと働き続けられるように、体と心の健康を維持するのに気をつけてきたんです。

私は自分の老齢年金と主人の遺族年金で生活できる世代です。今の若い人たちからすると、年金という点では恵まれた世代と言えるでしょう。

そんな私でも、年金以外に自分の収入があることで安心していられるのです。

働き続けるのはイヤというのであれば、自分の代わりにお金を生み出してくれる方法（投資など）もあります。

堀野智子（ほりの・ともこ）

1923年4月9日、5人きょうだいの長女として福島県に生まれる。女学校を卒業後、1941年逓信省（電話局）に入局。1946年23歳で結婚して、その後子ども3人、孫5人に恵まれる。1962年39歳のときに「子育てしながら自由に自分らしく働ける」ことに魅力を感じてポーラの化粧品販売員として働き始める。県営住宅を端から一軒一軒飛び込みで回り、「肌がツルツルになってうれしい」と喜ぶお客さんの表情を見るのが何よりも支えになった。キャリアは61年で、2007年84歳で累計売上1億円を達成。食料難だった戦時中は、祖母と2人で農家にコメやジャガイモの買い出しに行ったこともあった。列車に乗ると、警察官に見つかって取り上げられるため、数十キロの道のりを歩いて帰った。そうした若いころの苦労も、販売員の仕事をこなす気力・体力の基礎にしている。「生きている限り、大好きな仕事を続けていきたい」と日々セールス。個人の売り上げは2024年4月時点で累計約1億2670万円。2023年8月から2024年4月の月間売り上げの平均は前年同期に比べて25％増加。月10万円以上という売り上げ目標の達成を20年間続けている。2023年8月「最高齢の女性ビューティーアドバイザー」としてギネス世界記録に認定。

101歳、現役の化粧品販売員

トモコさんの一生楽しく働く教え

2024年7月30日　第1刷発行

著者　堀野智子

発行所　ダイヤモンド社

〒150-8409　東京都渋谷区神宮前6-12-17

https://www.diamond.co.jp/

電話／03･5778･7233（編集）　03･5778･7240（販売）

装丁・イラスト　鳴田小夜子

編集協力　堀 容優子

校正　三森由紀子

製作進行　ダイヤモンド・グラフィック社

印刷・製本　三松堂

編集担当　斎藤順

ISBN 978-4-478-11996-9